主编　凌翔

当代作家精品·教育卷

教育旅程　且行且歌

赵立新　赵俊荣　著

北京燕山出版社

图书在版编目（CIP）数据

教育旅程　且行且歌 / 赵立新，赵俊荣著．— 北京：北京燕山出版社，2023.10

ISBN 978-7-5402-7039-1

Ⅰ．①教… Ⅱ．①赵… ②赵… Ⅲ．①教育－随笔－中国－文集 Ⅳ．① G52-53

中国国家版本馆 CIP 数据核字（2023）第 163281 号

教育旅程　且行且歌

JIAOYU LÜCHENG　QIEXING QIEGE

著　　者：赵立新　赵俊荣
责任编辑：杨春光
装帧设计：邓小林
出版发行：北京燕山出版社有限公司
社　　址：北京市西城区琉璃厂西街 20 号
邮　　编：100052
电话传真：86-10-65240430（总编室）
印　　刷：三河市中晟雅豪印务有限公司
开　　本：710mm × 1000mm　　1/16
字　　数：175 千字
印　　张：13
版　　次：2023 年 10 月第 1 版
印　　次：2023 年 10 月第 1 次印刷
ISBN 978-7-5402-7039-1
定　　价：59.80 元

教育旅程　且行且歌

——我的教育故事

好像昨天我还是那个青葱的小伙子，满怀教育激情，踏入校园，转眼间，27个岁月悠忽飘逝。但那些和孩子们一起的岁月，那一个个我们一起经历的小故事，都磨砺成了一颗颗珍珠，成为我教师职业中最宝贵的财富。

一个苹果的故事

1996年7月，期盼的奇迹没有降临，我被分配到了曹村小学，现在德州学院一附小的前身。来到学校，低矮的平房，雨天泥泞的校园，拖着鼻涕的学生，总有种让我想逃离的渴望。这天早晨，我刚到办公室，只见班长气喘吁吁地跑过来，上气不接下气地对我说："赵老师，你快到教室看看吧，他们……他们……"这帮讨厌孩子，一个个像皮猴子，天天不是这个哭了就是那个闹了，天天按下葫芦浮起瓢，这样的工作真是够了！我只觉得一股火往脑门撞，没等听完班长汇报，三步并做两步往教室跑，恨不得抓个学生在跟前，狠狠地训他一顿。

哗啦——我使劲把教室门推开，大步跨到讲台上，眼神凌厉地扫视全班，想一眼抓到肇事者。“赵老师，教师节快乐！”忽然，全班齐刷刷地站起来，举起小手，我看到，学生们有的手里拿着贺卡，有的拿着水果，有的拿着画……一条条手臂举成了一片小树林。我只觉得喉咙一紧，张了张嘴，愣在了原地。同学们一起拥到教室前面，有的把东西放在讲台上，有的放在我手里，我抱着一堆东西，竟不知道如何是好。这时候班长走进来，顽皮地冲我笑笑，拿出一个大苹果，对我说：“赵老师，您是世界上最好的老师！这是我家苹果树上最大的一个。最好的老师吃最大的苹果！”我忍不住也扑哧一声笑了，用手点了点班长的头。哈哈哈哈哈哈，全班都笑了起来。那一刻，感情的潮水瞬间暖遍了全身。多么童真的语言，多么淳朴的孩子，安心于校园中，做最好的老师，做最好的教育，从此，我的心中一个好老师的梦想开始萌芽。

一个笨小孩的故事

女孩晨曦又黑又瘦，学习总是慢一拍，对此她常常自卑地躲在角落里，说话声音小得像只小蚊子。如何帮她冲破自我，找到自信呢？课间，我坐在晨曦旁边，给她讲故事：“九年前，我就坐在四年级教室里，坐在第四排中间的位置。因为学不会数学，解不开应用题，觉得自己的天空始终是乌云笼罩。一天，我无意间借到了一本书，是同学的哥哥的同学的，那是《一千零一夜》，那一个个神奇的故事让我沉浸其中，那晚我几乎没睡，囫囵吞枣地读完了。从此我沉浸在读书中，见到有字的纸片也会拿起来看看。慢慢地，我的语文越来越好，数学也一点点开窍了。直到有一天，班里北边墙上，宣传栏里，老师奖励了我一朵小红花，说我是最遵守纪律的学生。”一个笨小孩，在书籍的滋养下，在老师的鼓励下，自信一点点生长起来。像一只小鸡，吃力地啄开自卑的外壳，走到了外面广阔的世界中。一个笨小孩和小红花的故事，灯下读第一本课外读物的故事，像一条小溪，潺潺地流进晨曦心里。她静静地听着，低着的头渐渐抬了起来，眼中闪烁着光芒。

班会课上，我用故事告诉学生：笨小孩也有春天。那一年，我和学生课上是师生，课下是玩伴。我把自己的一摞日记抱到课堂，读给学生听，让他们知道日记该记些什么；讲这些日记背后的故事。我告诉他们，是书，为我打开了一扇窗，助力我的数学从后进生提升为优等生……下课后，我们围坐在一起讨论书中的情节。一个一个成长的故事，拉近了彼此的距离，我走进学生的心灵。

“跑题”老师的故事

学生作文，封我为“跑题老师”，竟得到了全班的认可。

上语文课，我们免不得要做好畅游十万八千里的准备，赵老师讲着讲着，就会跑题。明明课本上只有一二三四，老师又讲五六七八。那次作文课，老师先点评：“作者采用对比的方法，秦朝少年天才甘罗 VS 当代小鲜肉，结果不言而喻。甘罗，秦朝少年政治家，小小年纪，拜入秦国丞相吕不韦门下……”老师那叫个绘声绘色，我们仿佛乘坐“赵氏号穿越飞船”来到秦朝，亲眼见证了甘罗劝张唐赴任燕国，游说赵国，凭三寸之舌，让赵国送五座城给秦国……中外古今，天南海北，赵老师好像无所不知，被我们尊称“跑题老师”。如果哪位老师有事，要改上语文，你会听到一片欢呼。赵老师给了我们许许多多课本之外的知识，也时时提醒我们，要读书，读书，再读书。

读书，听书，我肚子里装着无数个故事，遇到相关的内容，就会喷涌而出。每次学生都会屏息凝神，侧耳倾听，欲罢不能。课文内容，人物形象，因为我的故事丰满起来，立体起来，灵动起来。受“跑题老师”的影响，我带的班级孩子们普遍阳光，自信，快乐。

我鼓励学生讲故事。课前三分钟，全班轮流，可以读一段书，讲一个小故事，也可以介绍最近的见闻，用这种方式，锻炼表达能力，激发读书兴趣。日积月累，逐步提升。一次演出任务紧，我班两个小时排练出《晏子使楚》课本剧，学生演绎出完整的故事情节，凸显人物个性，融音乐、舞蹈、说唱、教育意义为一体，表演谢幕时的掌声，是全体观众对他们的赞赏。

学习《景阳冈》，我给学生讲施耐庵写武松打虎的故事。作者走进深山，爬到大树上观察老虎习性；记录醉汉打狗的场景，回到家骑板凳当老虎体会打虎心态，正因为如此，武松打虎成了《水浒传》中的经典。学生明白了精彩的文章首先要观察，可以借鉴，重要的是设身处地体会。读书，讲故事，表演，写作，成了孩子们的生活常态。

当年“误入”教师职业，就像李清照词描绘的那样，“常记溪亭日暮，沉醉不知归路”，谁知竟“误入藕花深处”，做教师越久，越觉得和孩子们在一起，就像沉浸于月夜荷塘的美景，时不时地有“惊起一滩鸥鹭”的惊喜。二十六年时光悄然流逝，岁月在我的额头增添了一道道年轮，但我内心被孩子们淘洗得越来越纯净，置身于孩子们之中，觉得自己永远是个孩子，始终保持一份童心。

教育旅程，风景无限，我且行且歌，步履不辍……

赵立新

2023 年 1 月 16 日

无悔的教育征程

读师范前面试，至今清清楚楚地记得，我前面是个男生，老师问他："愿意当老师吗？"

"不想！"他回答得干脆利落。

轮到我了，老师问了同样的问题。我感觉脸一红，轻轻地说："愿意。"

是啊，怎么不愿意呢！就在这半年前，教我们初三的周老师布置了《我的老师》这篇作文。开头我是这么写的："我愿意当老师，渴望当老师，因为，老师的很多事迹感染了我。"我的愿望终于实现了。

第一站：积蓄教育力量

三年后，毕业了，1993年8月，我被分配到了村里的小学。多么畅快的日子啊！学校在村东头，我家在村西头，常常，走着去学校，一路和村里的老老少少打招呼。第一年教六年级，我20岁，最大的学生十五六岁。课堂上，我一板一眼。有次，学生调皮，我绷着脸把他们训了一顿，看他们都低下了头，我怕自己绷不住了，走到教室最后排，冲着后黑板捂着嘴偷笑。下课，就和学生玩到了一起，好像一下子回到了童年。放学路上，经常是和班里的一群学生往回走，一路嘻嘻哈哈。等大家三三两两地散去，只剩下我一个的时候，我撒腿就往家跑。当时学校大部分是民师，普遍学历不高，有专业在身，年轻有活力，有爱心责任心，这一系列的优点让我很突出。虽然是教学小白，但深得学生和老师们喜爱，第一年还取得了全镇第一的好成绩。

那时候学校几乎没什么活动，在班里上课就是最主要的任务，和学生在一起就是最主要的工作。白天，我在班里上课；晚上，我一字一句写教案；有时间，我想方设法找来名师的课堂实录，反复揣摩。八年时间，我在教育第一站的日子，单纯朴素得就像土地里钻出的庄稼。都说教学是慢的艺术，真的，孩子和老师都在慢慢地生长，都在积蓄力量，都在不断丰盈着我们的生命。

第二站：教育生命焕发光彩

2001年开学前，我调动到了东七小学。这是一所城乡结合部的小学，教学条件和学生综合素质都比之前的学校要强一些。最重要的是，在这里，我遇到了生命中的伯乐——王庆霞校长。第一学期的全校教师公开课，我各上了一堂语文课和科学课。王校长大为赞赏，直夸赞我课上得真好。接下来，我几乎承包了学校大大小小的语文基本功比赛、讲课比赛、教研员听课的所有任务。

在这个过程中，我也获得了更多外出学习的机会：济南的小学语文年会，泰安的名师展示课，成都的习作种子教师研习营，潍坊的暑期骨干教师培训……专家名师从书架上走到了舞台上，走到了我的身边：王崧舟、窦桂梅、管建刚、张祖庆、何捷、韩兴娥……感叹名师课堂的精妙，在模仿中不断生成自己的新的理解和感悟。我带领学生取得了一项又一项好成绩，自己也逐渐从学校走到了镇上，走到了区里、市里。那些年，我先后获得了各级优秀教师、优秀班主任、教学能手、三八红旗手等多项荣誉。

在这里，内心总是充溢着满足感和舒适感。教学上，我们都像上足了发条的钟表，自觉往前走。学校铺路，粉刷墙壁，都是大家一起动手；六一儿童节，大家排练节目，早晨五点多到校给学生化妆；假期，我们一起外出旅游，把欢笑洒在祖国的山水间。

在东七小学 19 年，我的教育生命是润泽的。常常，我走在楼道里，驻足校园内，恍惚间，觉得这就是自己的家，这就是自己一生值得付出、愿意付出的地方。我常常暗自庆幸，当年报志愿的时候，很多同学选择了电子、金融甚至农牧等专业，就为了脱离农村；而我，把心安放在教书育人上，付出了很多，得到的更多。我爱我的职业，爱我的学生，更爱我的学校。

第三站：涅槃重生

2020 年 8 月下旬的一个雨后，当我踏入太阳城学校的时候，和王校长走在学校走廊，围着四楼转了一圈后，我仍不敢完全相信，我以后的教育生涯，真的要在这所学校度过吗？虽然之前因为参加活动，已经来这里很多次，但都是匆匆过客，以后，我就是这所学校的园丁了。望着装修精美的文化墙，摸着走班长廊精美的展品，听着寂静的楼道里回荡自己的脚步声，只觉得这是个华丽的梦。

都说鸡蛋从外打破是食物，从内打破是生命。当我置身学校，厚重的山师教育集团文化，优秀的老师，强大的团队，都促使我从内心升腾起强大的内驱力，在众多的年轻教师中，我作为一名教龄长的老师，不能被年轻人落下，要始终努力在前面领跑。两年半的时间，我买的书、读的书超过了之前二十多年的总和；我写的读书笔记、教育随笔、做过的讲座超过了之前的总和；我听的讲座、学到的东西也超过了之前的总和；我拜名师为师，跟着优秀的团队，奋力奔跑。

上课、批改、读书、写作、开会……成了生活的主旋律。两年半时间，我每周五天时间工作，假期时间也在工作，工作充满着我的生活。是的，我埋头在工作里，觉得最宝贵的是时间，我要和时间赛跑，和我屈指可数的教学生涯赛跑。我想把阅读教学做扎实，我更想把作文教学研究透彻，我还想把写作教学研究明白，我想给学生最好的教育，我想让我的课堂精准高效，我想带领年轻教师走专业发展之路，我想用我的一点力量，让学校发展得更好。那么多的想法，可是，时间有限，我只好跑得快些，再快些。

走过教育三十年，再回首，历数走过的历程，仿佛就在昨天。很庆幸，无论在哪所学校，无论带几年级的学生，都对得起“人民教师”这个光辉的称号，都无怨无悔。

走过教育三十年，往前看，时光列车还有五年到站，我可以接着带着纯真的孩子们朗朗地读书，端正地写字，用心地作文。

走过教育三十年，我知道，我的生命是和孩子们融为一体的。一篇篇读书笔记中，有我对专业精进的渴求；一个个教育故事中，有我对教师职业的热爱；一则则教育日记中，有我对教育的思考；一篇篇作文教学叙事中，有我对习作教学的探索……

吾生也有涯，而教也无涯，我愿用毕生的精力倾注于我热爱的教育。此生无悔入教育，这辈子，没做够老师，来生还愿做园丁。

赵俊荣

2023年1月14日

目　录

第一章　教育故事

“吃糖”长大的孩子们

说光阴似箭，日月如梭，总感觉有些俗套。可确确实实，五年多的时间，一千八百多个日夜恍惚间就过去了。望着眼前这些高高大大的少年少女，再看看一年级才入学的小娃娃们，真是感慨万分。他们一个个调皮的样子，一张张明媚的笑脸，甚至课下对我有些撒娇的语调，让我总忍不住说，你们是一群“吃糖”长大的孩子。

“糖果策略”是从一年级入学就开始的。跟着潍坊韩兴娥老师做海量阅读，一入学读《拼音儿歌 77 首》，识字后紧接着读《成语儿歌 100 首》《歇后语儿歌 100》《俗语儿歌 100 首》，每本书背 10 首都有一级进阶奖励，糖、本子、贴画、笔记本、先锋卡，一个个的小激励让孩子们的背诵兴趣居高不下。很多孩子下了课就往办公室跑，要求检查背诵。辰辰最起劲，经常上课铃响了，老师赶他去上课才走，加上长得呆萌可爱，别的老师有零食也会给他，结果他成了办公室的钉子户。

先锋卡是六色六种，每种颜色赋予一种美好的寓意：红色为爱心卡，橙色为诚信卡，黄色为学习卡，绿色为遵纪卡，蓝色为体健卡，紫色为卫生卡。某一方面特别出色，老师可以奖励一张先锋卡。集卡活动让学生热情高涨。他们比学习、比纪律、比卫生……把一张张卡当作宝贝，在“争先锋卡，做文明少年”活动中向着优秀迈进。学期末进行评选，每班第一名获得旅游大奖，第二名奖励书，第三名是文具。孩子们互相促进，比、学、赶、超，积极进取。

三年级开始写作文，为了消除初学写作的畏难情绪，提高写作积极性，我编辑了周报《快乐作文 100》，每周一期，张贴在班级宣传栏里。每篇文章配上精美的图片，或者作者的照片，活动的照片。发表作文的孩子可以获得一块饼干，让他们品尝成功的甜蜜与喜悦。现在饼干早已不是稀罕物，但是老师奖励的意义非凡。上报的孩子拿着奖励得意非凡，落选的眼里几乎要冒火，精神奖励加物质奖励，刺激了习作的动力。

四年级，学生每天写素材，我开始了作文讲评。从一个精彩的句子，到一段优美的段落，再到一篇优秀的文章都是我点评的对象。有时候一节课全班学生的名字从我嘴里读出来。我绘声绘色地朗读让学生忍俊不禁。特别是被读到名字的同学个个有点害羞，有点骄傲，常常会先低下头羞红脸，又抬起头接受别人羡慕的目光。一天天，一月月，表扬如细雨滋润，身边的榜样力量更具冲击力，表扬让学生甘之如饴，大家互相模仿，共同提升。

五年级，我开始办《班级作文周报》。建立了周报激励系统——等级评价。在周报上发表五篇文章被评为作文新星，再发表五篇被评为“班级小作家”“作文评审员”。我以学生的照片为背景设计了独一无二的喜报，拍下获得奖励的学生照片发到班级群，张贴在教室内。一张张甜美的笑脸是他们写作能力提升的最好证明。

积分换礼品活动是激励系统的升级。老师购买学习用品，小礼品，给每件物品赋予一定的积分。学生每天素材按照字数获得相应的积分，精彩句段加分，错别字和不通顺的句子，错误标点扣分。学生随时可以兑换相应物品。每当家人过生日或者节日就会迎来兑换高潮。孩子们的素材越写越长，最长的一篇，写了1500多字。这样的作文，细节越来越突出，语言也更生动。

稿费活动是六年级的激励措施。素材积分，课外阅读积分，班级周报作文发表积分，每周发一次稿费。学生用稿费可以购买“免作业券”“自选同桌券”“周报编辑权”“免请家长券”“VIP和老师就餐券”等。手握一张张“百元大钞”（练功券）孩子们一个个都成了大富翁。

正式刊物发表，更鼓舞了学生的自信。一年半的时间，学生写素材，办周报，经由老师投稿推荐，已经在省级刊物上发表作文三十多篇。纷至沓来的样刊，稿费给他们带来了巨大的荣耀。每一次发表，都是班级的节日，同学、家长的赞扬，都给了全班同学写作的动力和信心。一次次品尝成功的喜悦，让学生的信心鼓舞得像风帆一样。

“糖果激励”，让孩子们充分体验到被认可，被鼓舞的甜蜜和快乐，学校对他们充满了诱惑力。脚踏进大门的那一刻，因为自身的努力，他们随时可能收获惊喜。老师以鼓励为主，培养出了有爱心、进取心、阳光心态的孩子。“糖果激励”，让我成为一个幸福的老师，陪伴了一群“吃糖长大的孩子”。

退一步海阔天空

第三节课铃响的时候，我巡课正走到一五班教室。后面一个老师就追了上来，气喘吁吁地说有个孩子磕破头了，校医正在包扎。跟着她匆匆跑到办公室，发现男孩辉正坐在凳子上，额头包着纱布。看衣服上，殷红一片，血应该流了不少。

拉着男孩的手问他疼吗？说已经不疼了，详细询问事情的经过，说是另一个孩子涵拉了他一下，就把头碰着了。肇事者被带了过来，问他怎么回事，说辉想拿他的东西，他不给，辉就捏他的脸，他被捏疼了，生气去追，拉着辉的帽子，辉回头一甩手，把他甩开了，辉就倒了。问辉，俩人说得差不多。事情很明显，就是俩孩子打闹造成的。

班主任打电话通知双方家长，简单地说明情况，然后直接叫了车，送孩子去医院进一步检查，辉头部缝了三针，打了破伤风针。随后双方家长都到了医院，涵的妈妈直哭，说怎么会出这事呢？孩子的爸爸在外地出差，听说后正在往回赶。对方家长倒是很通情达理，说知道自己的孩子很调皮，这件事俩孩子都有责任，只要孩子不会留伤疤就好，没有别的要求。随后级部主任和副班都赶到医院，家长看到学校很关心，态度更有了缓和。

下午，俩家长话风突变，涵的妈妈发信息给班主任，说孩子到家后只说拉了辉，之后他就回座位了，不知道他是什么时候摔倒的。所以辉的磕伤和他家孩子不一定有关系。

辉的妈妈也给老师发信息，说孩子受伤是可能要赔偿的……

辉下午没来上学，班主任再把涵叫到办公室询问，结果涵和家长发的信息一样，说后来辉怎么摔倒的他不知道，也没看见，一脸无辜。事情到这一步好像要僵住。年轻的班主任急得上火，不知道怎么办。也不知道该怎么答复双方家长。

我建议他先把肇事孩子家长请来谈谈，看看他的态度。这是一个身材矮胖的男子，看样貌也不是个刁钻的人。坐在接待室，我们面对而坐。我先简单地介绍了自己了解到的情况，接着班主任补充相关细节。他们又看了走廊里的监控录像，确定孩子受伤的经过。但因为俩人的打闹是在教室进行的，而发生意外也是在教室内，所以无法看到具体到底是怎么摔倒的。因为只有这俩孩子互相进行过身体接触，就在涵拉了辉的帽子后，辉摔倒的，所以家长也不好意思否定和他家孩子没关系，但是也总在强调事情不一定是这样，因为毕竟没有目击证人，也没有录像可提供。但是最后他说，只要对方不提出过分的要求，他就可以接受，我们约好晚上去看望受伤孩子。

六点多了，忙了一天的班主任饿着从中午就没吃饭的肚子，买了礼品，和两位家长、学校德育主任一起来到辉家里。俩孩子聊怎么回事，结果是俩人有过两次肢体冲突，一次是在教室里的窗台边，辉骂涵是猪，涵推了他一下，回一歪，头撞到了墙角。辉起来后并没有觉出什么，就往外走，结果被涵追上，拉他的帽子，辉一甩手，涵就回到了座位上，出了教室辉转了两圈，觉得头晕晕的，才知道自己头流血了。

弄清了事情的经过后，辉的家长问自己孩子头上留疤怎么办？孩子长大是要当空军的，有疤绝对不行，要去做美容手术，让疤痕完全没有。涵的家长一听，就说没有证据证明辉的受伤和他家孩子有关系，没有证人，只是靠推测不行，有证据他们才能拿钱。双方展开了拉锯战，各说各的理，一个想要高额赔偿费，一个不想拿，陷入了僵局。

校园意外伤害事故是常发事件，是不能完全避免的，而这些事情的解决只要是家长的态度决定的，当家长宽容大度的时候，大事也成了小事。其实医生说了，用最细的线缝合，不会留下伤疤，但是家长执意说就怕万一，好像这一次事故就耽误了孩子的前途和一生。

另一位家长就抱着没有证据你能拿我怎么样的心理，双方把矛头都指向了学校——学校的墙角存在安全隐患，老师没有尽到监管责任……

自从延时开始，老师每天在校时间几乎十几个小时，疫情期间各种任务陡增，因为一次事故，又要耗去很多时间和精力，面对这些事情，几乎是心力交瘁。不知道这场拉锯战会持续到何时。

孩子，对不起

课上到一半，因事离开了几分钟。一进教室，只见闫德宏正和左边同桌说得眉飞色舞。把他俩数落了一顿，仍不解气，进门的时候好像看到他右边的付文浩也在说话，于是把矛头对准了他："还有你，六年级了，非让老师看着管着，没一点自觉性！"

顿时，付文浩脸色晴转阴，低下头，咬着嘴唇。我恨铁不成钢地看了他们三个一眼，想走回讲台。

"老师，我没说话！"付文浩抬起头来，这个五大三粗的大男孩，像是下了很大的决心，说出这几个字。

我愣在原地，定了定神，询问挨批评的俩人："付文浩说话了吗？"

"没有。"两人异口同声。

从表情、语气，我能断定他们没有撒谎。"没说话你回头干什么？"我追问付文浩。

“是张博轩招呼我，我回了回头没理他。”

我看看后排的张博轩，他脸红了，罪魁祸首是他，让我陷入尴尬的境地。我瞪了张博轩一眼，他一脸羞愧。抬眼看到付文浩，并没有为洗刷冤屈而高兴，仍阴沉着脸，用笔一下一下划着纸。

坐在讲台前批改作业，红笔落在作业纸上，我眼前却总是浮现付文浩那张阴郁的脸。看了几本，仍挥之不去。这个男孩不惜力气，重活、累活总是抢着干，挺憨厚的。就是记忆力差，理解能力不强，学习属于中下游。这样的孩子敏感，更应该多鼓励，才不至于让他对学习、对老师失去信心。不行，冤枉了孩子，怎么能就这样稀里糊涂地过去了呢？总得做点什么弥补。我走到教室北墙的橱子边，拿了一个笔记本，走到付文浩身边，轻轻地对他说：“刚才老师冤枉你了，这个本子算作道歉行吗？”

付文浩抬起头，睁大眼睛，伸手接过本子，脸上瞬间绽开了笑容。“谢谢老师！”

快乐来得就这么简单！一句道歉，如阳光洒向心间，一扫少年心中的阴霾。孩子多么容易满足啊！那一刻，我真真切切地感受到，让孩子快乐的不是一个本子，而是老师发自内心的尊重。很多人觉得师道尊严，就是老师高高在上，不能让学生觉得自己有错误。我觉得要想树立老师的威严，首先和学生建立起平等的关系。老师首先尊重学生，学生才能接纳你、尊重你、热爱你。

第一年参加工作，也是教六年级，同样也是冤枉了学生。明白真相后，我第一时间道歉。二十多年了，我仍清清楚楚地记得，当时教室里静极了，一双双眼睛望着我这位年轻的老师，红着脸说：“我向林振才同学道歉。我没调查清楚就发火，请你原谅！”在当时的农村小学，这样的事几乎是罕见的，我的道歉之举对学生简直是震撼。那个男孩眼中闪着光，满脸是幸福的模样。他早已被前任老师“判了死刑”，放在最后排，几乎是无视。那天，很多学生在日记里提到这件事，觉得和老师的距离一下子拉近了。林振才语文毕业成绩考到了七十分，那个瘦小的男孩子快乐得要飞起来了。

单位有两位老教师，一位温柔敦厚，对学生的批评总是春风化雨，即使这样，最后，她还总会再加上几句诸如此类的安慰：“老师知道你是个善良的孩子，偶尔犯错不要紧，把教训记在心里，老师相信你不会再犯同样的错误。”之所以这样做，她说怕学生受了批评心里有疙瘩，怕他们恨老师，怕他们对学习失去兴趣。一个“怕”字，道出了她的教育是对学生心灵的小心呵护。毕业后，很多学生经常回来看望她。今年教师节，一个毕业十几年的学生给她送来了自己做的花束。这个学生仅初中毕业，这么多年一直把老师记在心里。

还有位老师，脾气暴躁，自己从一年级带起的班，一到五六年级就会出现学生和她对着干的现象。学生一点错误，她总是讽刺、挖苦，不分场合地训斥，这样的教育方式让学生心生抵触，被责骂的学生怀恨在心，积累久了就容易爆发。

二十多年的教学生涯，我越来越强烈地感受到，教育，是心灵与心灵的对话。我们面对的是一个个活生生的人，他们有思想，有情感，有尊严。老师高高在上，学生只能仰视你，敬而远之；老师蹲下去了，学生反而觉得你高大了，敬之爱之。热爱学生，尊重学生是教育的前提。否则，再高超的教学手段，没有心灵的感应也是苍白无力的。

我经常想，如果没有我的小学老师的鼓励和帮助，我可能读不了师范，也成不了今天的我。

当了老师，发现人的隐形的智力真像我们看到的外表，有高的矮的，胖的瘦的，黑的白的；有的身强体壮，有的弱不禁风；有的天生漂亮，有的普普通通。我们看到了外表的不同，承认这种不同，为什么就不能看到隐形的智力不同，大脑发育的不同，非要追求片面的成绩呢?

哪个人不希望自己聪明，那个学生不希望自己考高分，但是我们不能为了分数逼着孩子死学，要以他的优势为突破口，让他产生学习的兴趣，让他在师爱的温暖下，在同伴的帮助下，获得学习的自信和动力，从而顺畅地发展。

我是这样想的，也是这样做的。我牵着腼腆的王艳的手送她回家；我送给无法控制情绪的一凡生日礼物，看他脸像向日葵一样绽放；我用发表成就一个极度自闭的女孩，让她找到写作的快乐……

当年，我的小学老师走进了一个笨男孩的生活，成为他生命的贵人；今天，我要走进一个个稚嫩的生命，成为他们生命的贵人！

接纳每一个

建立积极的师生关系首先教师要做到无条件地接纳每一个学生。漂亮的孩子人人爱，那些不漂亮的，表现不佳的孩子，老师也应当接纳他们甚至要对他们表达更多的爱，这样才能建立良好的师生关系，有效地帮助他们成长和发展。

这句话戳痛了人性的弱点，戳到了很多老师的痛点。很多时候，我们明明知道，却做不到。在班级里，几十个孩子，可以说，孩子们为了得到老师的关注，也是想方设法。去年我刚接触一年级，没想到一年级的小豆豆们都已经知道了如何博得老师的欢心。有的小女孩下课走到我跟前说：老师，你好漂亮啊！有的孩子说："老师一点也不老！"一个相貌平平，将近半百的老师，怎么还会年轻、漂亮啊！但是，明明知道这些，却喜欢这些小小人们的精灵可爱。特别是有的小女孩，胖乎乎白净净，大眼睛圆溜溜，小男孩或虎头虎脑，或机灵勇敢，不由你不喜！

还有的孩子，从来不拿正眼瞧你，走路都低着头。有的脏兮兮的，有的坐不住，有的有暴力倾向等，这些都是令人头疼的孩子，如何能喜！

于是，同样是不遵守纪律，喜欢的孩子觉得那是机灵，不喜欢的更添了厌恶；同样是没取得好成绩，觉得好孩子可能是失误了，不喜欢的觉得无药可救……

一样的学生，老师却有不同的标尺，结果量出了不一样的孩子。而教育的本质就是看到每一个学生。接纳每一个孩子，接纳他的优点也接纳他的缺点；接纳他的长处也接纳他的短处，让孩子感受到老师的关注的目光，感受到老师手的温暖，感受到老师那颗爱孩子的心。

接纳每一个孩子其实并不难，因为我们是老师。用爱心和童心赢得爱和尊重，我们能做到！

和过度焦虑说再见

期末考试成绩出来，班级学生排名令我们吃了一惊，全班 48 个孩子中，进前十的除了两个平时比较优秀的，其余的都是平时成绩平平的孩子。像刘子羽，家庭作业经常完不成，冯琦尧是用半只耳朵听课的孩子，刘蕴涵是个小迷糊。

特别是老师比较看好的，像总是很优秀的张晓兮、亓森、孙煜柠、于文航，竟然沦落到了第 14、16、23、34，这些孩子家长重视，自己努力，学习稳定。小测中，常常是排在前面。两相比较，不能不让人深思，想探究其中的原因。

中秋假期，细读了《考试焦虑与意义理解》，虽然陶教授是从高考的角度分析学生的考试焦虑，但是对小学生来说，也有较强的借鉴意义。

“为了考试而持续学习，单调枯燥，缺乏成就体验，必然会导致各种心理问题出现，考试焦虑症便是一种普遍发生的现象。”这让我反思期末考试前我们的复习。六月初结束课程，七月初考试，我们的复习时间长达一个月。在这个月中，年级组复习的方式主要是复习，做试卷；复习，做试卷。每天，孩子们沉浸在题海中，试卷堆里。归类复习，综合复习，错题出卷，各种测试是滚动的。每次测试完，讲试卷，改错，归纳到错题本上，孩子们成了做题的机器。

不仅如此，考前考后，老师总是拿成绩说事，考前反复强调，不能错，不能马虎；考后更是把成绩当作孩子们是否努力的标志，对考得好的发奖状，发奖励，大张旗鼓地表扬；对考得差的留下补课，给家长单独沟通要求反复练习，总之，一切为了成绩，为了一切的成绩，师生、家长都把成绩的弦绷得紧紧的。

学生的焦虑是怎样产生的呢？“考试焦虑是在应试教育情境刺激下，受个人认知、评价、个性、特点等影响而产生的担忧考试成败，以情绪紧张为主要特征的心理反应状态。”紧张的学习动机和学习成绩呈“倒U形曲线”，即焦虑水平过低，动机过弱，不能激起学习的积极性，学习效率在一定范围内随着焦虑的增强而提高，但是过强的动机表现为高度焦虑和紧张，从而引起学习效率的降低。考试过度焦虑不利于学习效率，影响考试成绩，也会影响身心健康。

分析平时比较优秀的孩子期末考试成绩差的原因，我们发现，这些孩子都是家长和孩子自我要求比较高的，孙煜柠的爸妈都是高级知识分子，他们通过高考自己走出农门，取得了较高的社会地位，因此也希望孩子走努力学习、改变命运的道路，对孩子的学习要求比较严格。加上孩子妈妈是医生，本身非常忙，家里俩孩子需要照顾，在孩子调皮的生活经常以自身任务重为由训斥孩子；孩子爸爸对孩子的管教比较粗暴，家里放了个电棍，恐吓孩子考不好就挨棍子。在父母的双重压力下，在学校长期的复习测试的紧张下，孩子对于考试结果非常重视，经常在做题过程中，对于不确定的题不敢下笔，跟老师反复确认，甚至表现出急得要哭的样子，特别追求成绩的完美。这样的孩子考试焦虑是必然的。

要改变孩子的状况，要先从家长和老师入手，重视孩子的学习过程，而不是学习结果。帮孩子养成平时独立完成作业的习惯，并且不单纯地把成绩当成评价孩子的唯一标准。要增加学习中积极的情绪体验，让孩子们在通过自己的努力，取得成绩的时候，反复品味获得的快乐，养成和别人分享的好习惯。

要引导孩子把部分精力放在体育运动上，在运动中舒缓情绪，释放压力，锻炼身体，提高学习效率。

学习了积极心理学，在学生复习考试的时候，我将试着去尝试，通过合理的有效的心理测试，减轻和消除学生的考试焦虑，让孩子们和过度的焦虑说再见。

克服习得性无助，扶起潦倒人生

学习了《人际资源与复原力训练》这一章，了解了一个新名词——习得性无助行为。读文章对习得性无助有了认识，但是对定义还是不能完全把握，于是查了百度，得到了确切的答案。

习得性无助是指一个人经历了失败和挫折后，面对问题时产生的无能为力的心理状态和行为。当一个人将不可控制的消极事件或失败结果归因于自身的智力、能力的时候，一种弥散的、无助的和抑郁的状态就会出现，自我评价就会降低，动机也减弱到最低水平，无助感也由此产生。

如果一个人觉察到自己的行为不可能达到特定的目标，或没有成功的可能性时，就会产生一种无能为力或自暴自弃的心理状态，具体表现为认知缺失、动机水平下降、情绪不适应等心理现象。当然，人有主观能动性，能够对客观环境和主体因素进行分析，对自己行为失败的结果进行归因。

我想到了张健，前年毕业的一个学生，现在在读初中二年级。六年级时，他写了一篇作文：

> “现在的我，一无是处。付不起房租，女朋友又跟别人跑了，我只好回到老家生活……”

别的孩子“未来”轰轰烈烈，想像自己成了医生、科学家、大老板……唯独他，对未来的设想如此灰暗、潦倒。

回忆这孩子六年的学习经历，从入学起，对学习总是没多大兴趣，上课游离，作业写得令人不敢恭维。老师和家长交流，自始至终是对他的否定。家长对他的评价也是——除了学习，干什么都好。从入学开始，六年了，家长和老师给他贴上了同样的标签：学习上的后进生。他自己，也默认了，觉得自己也就这样了。而且这样的想法让他看穿了自己，觉得不但现在，到二十年后，成年了，自己也是个一事无成的人，连最起码的女朋友都不配有……

现在我知道了，张健觉得自己一无是处，那是习得性无助在作祟。他对自己是否定的，觉得自己学习不好，没有价值，不能自我接纳。周围朋友，老师和家长都给他贴上了标签，于是他放弃了努力。内在的保护因子和外在的保护因子都差了，以至于他缺少复原力。

针对这种情况，我积极地给张健寻找位置，给他安排了楼道管理员的职位。开始他不自信，觉得自己学习差，同学们不听他的。我鼓励他，给他撑腰，在班里宣布，谁在楼道里跑闹，上了张健的小黑本，就要扣分，罚做值日。张健开始做得很认真，有个同学日记里写他做管理员的情景。我利用这个机会，在班里大声朗读日记。

> 张健上岗了，手里拿着小黑本，兜里揣着小黑笔，东走走，西转转，别说，挺负责的，还有股小警察风范。“以后你就是我的重点监督对象了，知道吗？”他指着我说。“别记，别记”我真怕上他的小黑本。
>
> 张健纪律管得好，自己也进步很大。张健，我看好你。林立臣（纪律委员），你饭碗不保啊！我既替张健高兴，又替林立臣悲哀。

表扬，借同学的口吻大肆表扬，一点点树立起他在同学面前的形象。我看到了张健自豪的笑。在当楼道管理员中，张健体会到了能力感，价值感。他的自信在老师的表扬中，在同学的认可中，一点点地在重建。

第二周，张健妈妈“家长助学岗”执勤，我和她沟通，表扬孩子的优良表现。因为孩子种种“劣迹”总被约谈的家长非常惊喜。我们一定不断发现孩子的闪光点，多鼓励，慢慢树立起孩子的信心。相信家校合力，建立强大的外在保护因子，让张健获得足够多的关注与支持提高保障，这些，会比老师自己发挥更大的力量。

经过一年的时间，张健之前颓废的情绪渐渐消失，自信和快乐回到了他身上，学习成绩也因为自信，也在渐渐提升。眼见着，一个习得性无助的孩子渐渐走出了阴影，走出了他为自己设定的潦倒人生。

一个曾经被打倒的人，重新站了起来，走向了光明和坦途。

让课堂激情燃烧

周五下午第一二节，是雷打不动的作文课。或者进行单元作文指导，或者进行周报作文赏评，无论是什么形式，都是学生的期待。

一、周报，孩子们的最爱

拿着一沓厚厚的周报，踩着下课铃声走进教室。眼尖的孩子立马喊了起来："周报来了！"立刻，一群孩子呼啦一声把我围住了，教室里满是此起彼伏的欢呼声："发周报了！发周报了！"

"发表了，有我的！"程家旭歪着脑袋，一眼瞅见了自己的名字，伸手就来我手中拿，恨不得立马看到自己的文字。我眼前更是小手林立，大家都想得到发周报的任务。我按座位顺序分成六沓，递给六个孩子，他们像得到宝贝一样去分发，没想到有的半路就被截和了。拿到周报的孩子或站或立，还有的盘腿坐在了教室后面，背倚墙，马上就进入了阅读的状态。

上课铃响起，我静静地看着一个个埋在周报里的小脑袋，仿佛看到一棵棵小树苗在拼命地吸吮知识的甘露，不忍心打扰他们。你看王正昌左手拿报，右手打着拍子，嘴角飞扬；梁鑫凯读着读着，扑哧，笑出了声；杨长锦小脸烧得通红，不时抬头看看我……大家沉浸在周报里，读着自己发表的文字，满心的自豪；读着同学的文字，钦佩、羡慕，还有忍俊不禁。

二、周报赏评，动力的源泉

“这期周报又有哪些同学上刊呢？”十五分钟后，我看这群孩子不再像刚刚拿到周报那样饥渴了，也让他们歇歇眼睛，就开始了周报讲评。“孙银涛、杨长锦、孙嘉璐……”大家喊着一个个上报的名字，快乐飞出了教室，弥漫在每一个人心中。

下面我们一起来欣赏他们的精彩。我打开 PPT，大家欣赏好题目、好句子、好构思、好选材……大声读优秀句段，大声喊出作者的名字，大声读出同学之间的故事，互相品评文章的优点，教室里洋溢着激情、快乐和欢笑。每一个被喊到名字的同学笑得都像吃了蜜糖，他们在品尝着被老师和同学赞扬、被认可的自豪，品尝着学习带来的欢乐。

三、宝藏三六，爱的力量

这期老师写了一篇文章——《猜猜这个小孩是谁》，现在我读给大家听。赏评结束，我开始朗读我每星期发在周报上的“千字文”。

“老师，这周您想和谁合影啊？”圆圆的脑袋，圆滚滚的身子，圆圆的眼睛看着我，满是热切和期待。好可爱的，招人喜欢的男孩。“每周我都会和一个最努力、进步最大的孩子合影，猜猜这周会是谁？”我微笑着看着他。

9月1日开学，9月18日第一期班级周报出版，9月30日，他在第三期周报上发表了第一篇作文《吃葡萄》。晚上，他妈妈给我发了一条信息：“老师，孩子着迷了，说他现在最喜欢语文课了。”哈哈，课堂上，我更多的目光放在了这个小孩身上。上课的时候，老师的问题刚刚说出口，你看他脑瓜里好像有个秒表，飞速地转动着。忽然，他眼睛一亮，头一抬，手嗖一下举了起来。那兴奋的样子，仿佛是一个随时准备起跑的运动员……

我写了一个男孩，被发表激发起了巨大的写作热情，并把这种热情扩展到了各科学习中，学习的动力被唤醒、点燃，激发起了巨大的学习内驱力的故事。

“杨长锦！”“老师写的是杨长锦！”孩子们听着，眼睛忍不住在教室里搜寻着，小声猜测着。我接着讲了这个小孩的《周报万岁》被正式刊物录用的经过，然后读道：他第五期文章被班级周报录用了，却没发作文，我心里怪他，正式发表了一篇作文就骄傲了。中午，她妈妈给我发了一条信息：“老师您好，孩子穿衣服比赛的作文也选上了，但是他说这次有好多孩子都选上了，说要把机会让给同学。”我才明白这个小孩不仅学习积极努力，还有颗火热的心。他觉得发表是种激励，在自己数次品尝到发表的甜蜜后，也想让更多的同学品尝到发表的快乐。这是一种多么宽广的胸怀，他心里不仅仅装着自己，还有他人。

“杨长锦！”大家异口同声，教室里响起了热烈的掌声。我们都把目光对准了这个被周报改变的男孩。接手新班，我继续办周报，并坚持在每期周报上发表系列文章《宝藏三六》。我以班级故事为主，写发现的班级孩子的闪光点，写家长的支持，写孩子的巨大进步，并刊发家长和孩子一起读报的照片，刊发我和优秀的、进步大的孩子的合影。每期听我读自己的文章，成了班级的节目。当一个个孩子的名字从我嘴里读出来，当一个个家长的事迹被我写出来，一个个小脸带着笑，眼睛泛着光。任课老师告诉我，孩子们变了，课堂活跃了，学习积极性更高了。家长感激地留言：“谢谢老师为孩子们做的一切，每当看到您接近凌晨发的周报电子版，每次都深深地感动。感恩孩子们遇到了您这样的老师 。”杨长锦妈妈更是抑制不住内心的激动，经常跟我分享：“老师您看这孩子最近忙着看童话，说想写童话，真的是和以前的那个小孩不一样了。“每周末都去图书馆看书，变化太大了！”一张周报，把老师、孩子、家长的心紧紧地联系在了一起。

四、表扬信，进步的阶梯

赏评结束，到了最激动人心的环节——发奖了。孙银涛、杨长锦等17 个上刊同学每人一张刊用纪念卡。他们站在讲台上吧，摆出各种姿态，面向下面的同学炫耀。“看镜头，看镜头！”我招呼大家，“三、二、一！”

“糊了！”下面座位上的同学大喊，台上台下满是欢呼。

发表扬信了！三年级周报采用等级评奖的方式，每发表三篇作文上一个阶梯，作文新苗、作文小能手、班级小作家、作文小学士、作文小硕士、作文小博士。今天杨艺轩、郭欣研、段世宸三个同学晋级作文新苗，刘鼎博、孟佳辉晋级作文小能手，他们手持表扬信，微笑着定格在相册里。下课后，我会将这些照片分享到班级群，家长们的大拇指、鲜花和掌声总会占满屏幕。

四十分钟的时间总是那么短暂，大家还沉浸在班级故事中，沉浸在赏评的激励中，沉浸在晋级的欢乐里，下课铃已经响起。周报赏评课，老师用爱唤醒爱，用真情点燃真情，课堂上，师生之间形成一个巨大的情感场，每一个身在其中的儿童如磁石般被吸引，被唤醒，学习热情被激励点燃，内心焕发出巨大的动力，课堂燃烧激情。孩子们在周报的引领下，带着善良、团结、友爱，向着知识的海洋进发。

让学生过幸福的童年语文生活

挥挥手，惜别带了三年的孩子们。手里捧着沉甸甸的毕业考试成绩，耳边还萦绕着家长们的感谢声和感激的笑脸，但心里，始终有一份沉重和内疚——我理想的小学语文生活应该是充实而幸福的，孩子们发自内心地想学，乐学，他们由衷地爱老师，爱语文，学习的愿望犹如破土而出的种子，吸收着知识的阳光、雨露，把根深深地扎入学习的沃土，焕发着蓬蓬勃勃的力量。

而实际上，为了在区统考中取得好成绩，为了学校和个人荣誉，我们在背道而驰——延长学生的在校时间，挤占音体美课程，靠大量刷题机械记忆，用所谓的方法和技巧代替学生的深入阅读理解，用阅读测试题代替整本书阅读的引领和深化……如此压榨下取得高分，无论如何我都兴奋不起来。我想找到一条路，一条能引领学生过幸福的童年语文生活之路。

一、儿歌，滋养学生的幸福童年

2014年8月份，学校邮箱里，潍坊“海量阅读”的发起人韩兴娥老师的一封邮件，引起了我的兴趣，韩老师说，“她希望看到课内海量阅读被复制、被创新的情景，因此，有意愿同步探索的老师可以加入她的QQ群，点开打包的附件”。

《学拼音儿歌77首》格外醒目，跟着韩老师进行“海量阅读”，用孩子们喜欢的儿歌的方式进行幼小衔接，自然而然地把他们带入语文的广阔天地，用阅读滋养童年！我兴奋异常，觉得自己找到了开启学生幸福童年语文生活的金钥匙。

我一方面向学校申请教一年级，打算用自己的六年实践进行“幸福童年语文”探索，一边搜集儿歌，预定书籍，为一年级做准备。

开学第一天，我先在班内进行了调查，不问不知道，全班学生几乎人人会背儿歌，爱背儿歌,《丢手绢》《两只老虎》《公鸡公鸡真美丽》……大家拍着手，大声唱着儿歌，你看看我，我看看你，小脸兴奋得红扑扑的。我趁机把儿歌和入学教育相融合，系统地教学生朗读、背诵《课堂纪律》《坐姿端庄》《用好眼睛》《课间活动歌》《上下楼梯歌》《升国旗》等，孩子们在愉悦中，一边背儿歌，一边在老师的引导下，熟悉了规则，知晓了纪律，顺利实现了从幼儿园向学校的过渡。

接着，我把语文课本和《学拼音儿歌77首》结合起来使用，孩子们读着朗朗上口的儿歌，一首又一首，乐此不疲。在读、背儿歌中学习拼音，认识汉字，丰富语感。

一年级上半年，我们用三个月时间学完了课本，剩下的两个月时间，我们背诵了《成语儿歌100首》《俗语儿歌100首》。孩子们的记忆力惊人，读上三遍两遍就背过了，我现场检查，抽查词语的认读。大家你追我赶，比谁速度快，奖励得的更多。有的孩子到家后又在微信群里背诵，赶超其他同学。下半年，我们又背诵了《谚语儿歌 100 首》《多音字儿歌 200 首》。

四首儿歌伴随着孩子们走过了一年级，他们认识了 2000 多个汉字，丰富了语感，学习兴趣浓厚。在这一过程中，我用奖励政策，每背过十首就有一次进阶奖励，糖、贴画、卡片、本子，先锋卡。在兴趣加激励的驱动下，让他们像灌满风的帆船，在语文的海洋中畅快地航行着。儿歌在孩子们心中种下了语文学习的种子，经过一年的浇灌，这颗种子萌芽，活泼泼地生长着，它们滋养着孩子们的快乐童年！

二、文言启蒙，积淀文化底蕴，开启触摸传统文化的大门

2015 年 9 月，王崧舟老师来德州讲课，他的《湖心亭看雪》听得我心潮澎湃。王老师用他深厚的语文功底，厚实的文学素养，告诉我，什么是诗意语文，诗意课堂。课后，他做了《续文脉　明明德》文言文启蒙课的开发与实践的报告。对小学生进行文言启蒙，进行中华传统文化熏陶，激发情感体验，唤醒对母语的学习热情，在孩子们语言发展的黄金期练就童子功。把《文言启蒙》作为语文拓展课程，让文言成为儿童精神的活水。我回校后立刻把想法跟校长作了汇报。校长不仅支持我，还决定向全校推广。于是，全校统一购买教材，推选骨干教师上示范课，各班通过“经典诵读”的方式，汇报学习成果。

我们通过通读：读准字音，读出节奏；悟读：知晓大意，明白事理；熟读：积累文言，积累语感；练读：识记常识，读写互动。泛读横跨经

史子集各类典籍，关切儿童的心灵体验，积淀文言语感，开启触摸传统文化的大门。

惊叹于孩子们惊人的记忆力，有些文章他们并没有完全理解，但是却能熟读成诵。而且在学习过程中，随着背诵速度越来越快，理解能力也得到了提升。文言文并没有阻碍学生的学习热情，反而积累和丰富了学生语言。在作文中，他们时常会用上几个文绉绉的词语，文章格外有韵味。随着积累的增多，文言启蒙提升了学生的综合语文素养，起到了亲近母语、传承文化、提高审美、塑造人格的目的。

三、搭建舞台，在多彩活动中展现学生的智慧

四年级开学初，学校就安排了第五周举行经典诵读活动。如何把学习和活动结合在一起，在活动中激发起学生更大的学习热情呢？我和副班主任荣老师反复商量，最后，我确定了《论语诵读》节目。荣老师擅长舞蹈，她根据内容，尽心编排，一个动作一个动作地教学生练习。有的男孩子肢体僵硬，她就亲自示范，“你可以扭得再妖娆些”，荣老师的话让男孩女孩笑成一团。我教学生礼仪：古人的站姿、坐姿、揖礼、拜礼、鞠躬。满带着新奇，孩子们一板一眼地学起来。我在网上购买了竹简，借了学校的演出服。表演时，学生身穿长袍，头戴方巾，手持竹简，高声诵读。十几个女孩子在音乐声中翩翩起舞。几个段落起承转合，孩子们随着内容的转换，时而坐，时而立，时而鞠躬，时而揖别。《论语诵读》融合了诵读、歌舞、礼仪，舞台下赞叹声不绝，掌声雷动。在这样的活动里，学生们学习经典，听故事，习礼仪，兴趣盎然。

学生是学习的主人，学生应该站在课堂中央，站在舞台中央，让儿

童拥有属于自己的舞台，在舞台上合作、展示、交流、成长。于是，我把舞台还给学生，我班的精彩每天都在上演：

“每日一语”：每天，我班都有一个同学进行课前交流，或所见所闻所感，或读书心得，或班级趣事，全班轮流，给学生展现的机会和勇气。

“经典推荐”：每周的阅读课，每组推选一名学生介绍一本经典，比赛谁能激发大家的读书兴趣。

“班级漂流日记”：每天一名同学记录班级日记，记录班级故事，分享心情和期盼。

“课本剧”：这是深受学生喜爱的活动。在充分理解课文基础上，学生成为文章的主角，演绎故事，深入体会角色的内涵。

2018 年，区里临时通知选拔课本剧表演节目，我班接到任务后，在不耽误上课的情况下，放学后的时间总共排练了不到两个小时，孩子们演绎出《晏子使楚》完整的故事情节，表现出人物的个性，融音乐、舞蹈、说唱、教育意义于一体。精彩的表演背后，是孩子们平时丰厚的积淀。

四、博物馆课程，让学生将语文和生活充分融合

2019 年 10 月 18 日，天空格外湛蓝高远，几辆大巴载着我校六年级的学生一路欢歌笑语，来到了德州苏禄王御园。我校的博物馆课程包括：

感悟德州文化 享受民俗乐趣——走进德州博物

德州太阳能“硅谷”在我身边——走进太阳谷

见证中菲友谊 ——走进苏禄王墓博物馆

传承黑陶文化 感受黑陶魅力——走进梁子黑陶博物馆

魅力德州 美食扒鸡——走进德州扒鸡文博馆

人与动物和谐相处——走进德州动植物园

孝亲文化我知道——走进四女寺风景区

学生们抚摸着石马、石虎、石狮，端详着石雕华表，听讲解员介绍六百年前，苏禄王率眷属及侍从来华访问，受到永乐帝册封，留恋京师繁华，病逝德州的故事，一颗颗心穿越时空，飞到了六百年前的明朝，他们看着精美的画像，感受着历史的沧桑。“称土”选择风水宝地，兴建王陵，惊叹之余，学生体会到了明王朝对苏禄王的细心体贴，事无巨细。数学老师更是带着他们在苏禄王墓周围测量，计算墓地的周长、面积，将学科和实践相结合。

参观结束，学生们有的做了手抄报，图文结合介绍苏禄王御园；有的写文章，从苏禄王御园附近的北营村到苏禄王来华，洋洋洒洒，纵观古今；还有的学生用图片配文字的方式，做成电子报刊。他们用多种方式，诠释着自己的理解，也在大语文背景下丰富着自己的见闻，进行着综合性实践活动，将语文学习和生活充分融合，将学习生活化。

六年的语文实践，我边探索边实践，向名师学习，不断丰富着自己的语文教学实践：入学初，我用儿歌滋养学生的幸福童年；通过文言启蒙积淀文化底蕴，开启学生触摸传统文化的大门；搭建舞台，在多彩活动中展现学生的智慧；我利用博物馆课程，让学生将语文和生活充分融合。

这六年，学生们快乐着他们的快乐，幸福着他们的幸福！语文学习，滋养着童年，他们过上了幸福的语文生活。

线上五步，“疫”网情深

疫情“倒春寒”，多个城市紧急启动线上教学，可教学质量打折，家长焦虑不安，老师苦不堪言。如何提高学生的网课兴趣，提升线上教学质量？网课两周来，我边实践边思考，总结出线上五步，与大家分享。

一、聊一聊，敞开心扉

八点半上课，八点二十分，我准时进入课堂，调好摄像头，开始候课。点开显示屏，有十多个孩子申请连线。这是我们的畅聊时间，从上课第一天开始，已经成为惯例。连接第一个：“一帆，你脸上的肉都垂下来了，可要注意锻炼啊！想跟老师说点什么？”我看着他含笑的眼睛问。

“赵老师，你眼睛好些了吧？”他脸往前凑了凑。网课前两天我说天天盯着屏幕上课，看作业，巡课，眼睛干涩难受，这孩子记在了心里。

“谢谢一帆，已经好些了。你们的作业错误越来越少，拍得越来越清晰，让我的眼睛少费了好多力气。”

芊叶妈妈急性胰腺炎住院已经几天了，我连接她，小姑娘戴着个大口罩出现在摄像头前。“芊叶，早饭奶奶给你做的什么好吃的？”我关切地问。

“赵老师，我刚吃了鸡蛋饼。”她继续说，“我刚给妈妈打过电话，告诉她我会听老师的话，在家好好上课的。”大概是我昨天对她的叮嘱起作用了，这个爱哭的小姑娘说要乖乖地在家等妈妈回来。

聊做核酸，聊网课，聊美食……课前十分钟聊一聊，敞开心扉，孩子们跟我聊居家上学的苦恼，倾诉希望早日回到学校的渴望，同学之间互相支招排解烦闷的方法，期待早日学校相见。美好，从课前开始。

二、夸一夸，看见美丽

为了能够全程监控孩子们的学习情况，保证良好的学习状态，学校规定网课师生都要打开摄像头。网课过程关闭摄像头，或者把摄像头调得朝向天花板，是这段时间各班的普遍现象，老师一遍遍地叮嘱打开摄像头，甚至用威胁的口气，点名不开的要“秋后算账”。

我班孩子从来都是穿戴整整齐齐地坐在书桌前，“上课要有仪式感”是对他们的第一要求。不仅如此，我的夸一夸经常放在嘴边：“若晴的小发卡真好看。”“梓豪理发了啊，精神小伙！”“卉卉，调调摄像头，让同学们看见你最端正的坐姿。”……各种花式夸奖让网络那边的孩子们笑脸绽放，从心里溢出甜美的情，期待上课，共享网课的美好。

三、缓一缓，跟上步伐

从线下到线上，从班级集体上课到一个人面对电脑，从老师面对面指导到个人独自完成作业，短短时间，学生心理落差非常大。我们的声音通过网络传到孩子那段，因为网速原因，因为设备原因，可能有卡顿，有延迟，所以，我们的课堂节奏要缓一缓。适应网课节奏，熟练应用网课平台，到接受疫情居家上课，学生需要有一个过程。缓一缓，让孩子们跟上步伐。

四、动一动，深切体会

增加课堂互动，把课堂话语权给孩子，网课也不要成为老师的一言堂，该读的课文让学生读一读，学生能讲的让他们讲一讲，通过提问，在师生互动中让学生去思考，去表达，去表现。网课教学中，要在师生互动、生生互动中增强情感体验，变被动学习为主动学习。

五、晒一晒，遇见美好

网课初期，批阅学生的书写作业，传过来的图片要么模糊不清，要么需要调整方向，要不字太小需要放大，各种问题。我发现卉卉都是把一张作业分两次或者三次拍照上传，清清楚楚。我就把她的作业上用艺术字打上大大的名字，作为优秀作业在班级展示。很快地，大家纷纷效仿，作业照片质量迅速提升。

晒作业，晒作品，晒照片，晒家长……把课堂上、班级群里，把耳闻目睹的孩子们的优秀晒出来，一份优秀的作业就变成了几十份，一件精美的绘画成了大型赞扬现场，一张周一升旗仪式的照片成为班级周报上的配图，一个家长的优秀表现赢得了全班的赞誉，晒一晒，晒出了好孩子、好家长，好行为，好习惯。晒一晒，遇见了美好。

一碗葱花面，浓浓家校情

初春的早晨，乍暖还寒，晨光熹微，映照着孩子们快乐的脸庞，一切都是最美好的样子。

一、葱花面，清晨的礼物

“赵老师，葱花面！”正在做上课前的准备，突然身后一个脆生生的声音响起来。回头，一个褐色的保温包举在眼前。张丰飞扬这个胖乎乎的男孩正咧开嘴笑着，眼睛都快挤没了，露出一嘴褐色的小牙。

“赵老师，我种的葱长熟了。今天早晨，我和妈妈剪下来，做了一碗葱花面，还热乎呢，您快吃吧！”这孩子边说边拉开保温包的拉链，露出个淡蓝色的食品盒。捧着盒子，一股温热熨帖着双手。透过玻璃，只见白色的面条上漂着点点葱绿，像极了一件艺术品，葱花面的浓香浸染着身心。

二、家访，种葱的艺术

眼前出现了一个花盘，是用古朴的树根做成的，青绿的葱叶在淡褐色的树根映衬下更显得生机勃勃。寒假刚刚开始，我对进步大的几个孩子做家访。别的孩子见到老师，都特别不好意思，唯独飞扬，和爸爸在小区门口等，见到我一颠一颠地跑过来，一身肉跟着上下抖个不停。接过我送的布艺小老虎忙说谢谢您。上了楼，更是激动得坐不住也站不住，在几个房间里走出走进，一会儿要带我参观他的房间，一会儿又拿出他心爱的《历史是群喵》给我看，特别拉我到阳台上看他日记中写的小葱。这哪里是种菜，简直是拿种花的心情在侍弄这几棵葱。

和飞扬爸妈谈起孩子一年半的巨大变化，上课偷玩平板的时间少了，下课和同学的冲突少了，基本上能控制情绪了，和刚入学的时候比，简直是天壤之别。坐在沙发对面小凳子上的夫妻俩听了满脸笑意，我们一起感慨孩子的巨大变化。

三、陪读，飞扬爸爸的哭声

上学期接手新班，小飞扬是我最发愁的小孩，前一秒钟还好好的，稍不合心意，立马就躺在地上大哭。想和同学玩，直接上手拉拽，导致同学纷纷告状。最令我尴尬的一次，正讲着课，他不时搬动桌子，桌腿和地面发出咚咚的声音，我边讲课边走过去，示意他坐好。我刚走到教室前面，他眼睛瞄着我，又试探性地开始搬动，一下，两下，越来越快。我又走过去，告诉他，如果再搬就把他的桌子搬到后面一排，自己坐。“老师，不要啊！”他喊着骨碌一下，身影一晃，就躺在了地上，放声大哭，撕心裂肺的。正好两位校长巡课走了进来，他把桌子搬回到原地，他才肯起来。控制不住情绪，总是以自我为中心，想干什么就干什么，不管上课下课，这个孩子简直就是猴王出世。

实在没办法，让家长来陪读，爸爸是医生，忙；妈妈是护士，更忙。但一次，飞扬拉扯住邻班的同学，让人家的头磕在墙角后流血染红了脖领后，我打电话给飞扬爸爸，态度强硬，让他必须来陪读，说来说去，那边忽然传来了哭声。一个大男人，医院康复科的主任，病人眼中的希望之光，竟然因为孩子崩溃了。我握着手机愣在教室外的走廊里，心中五味杂陈。等他情绪平复了些，我们约好放学接孩子的时候见个面。从那一刻起，我决定，我要先改变自己，从心底里接纳这个孩子，帮助他融入班级。就飞扬的问题，我看相关书籍、咨询有经验的老师，还特意跑到南京郭文红的公众号“朴素小屋”留言，列举孩子的特殊表现，请郭老师支招。郭老师回复我，孩子一入学就出现的问题一定和家长的教养有关。

放学后飞扬爸爸已经等在班级放学的地方，见了面我们都有些尴尬。来到学校接待室，我们聊起孩子的表现，张爸说他们夫妻一个严厉，一个放纵，孩子的性格大概也和两人的管教方式不同有关。我建议孩子去看看心理医生，找出问题所在，好对症下药。张爸爸答应着，说一有时间就去咨询。

四、转变，在矛盾中前行

飞扬请假去了北京儿童医院，回来几天后，张妈妈告诉我，专家说孩子智力等方面都没有问题，让她找家庭的原因。还有就是让孩子开始接受体能训练，培养专注力、合作力与分享能力等。我们也达成一致，无论在学校还是在家里，对孩子的教育要一致，要说到做到；鼓励孩子多跟同学、邻居小朋友交往，教给他怎么表达内心的渴望和需要，教给他控制情绪的方法，懂得分享。

飞扬这孩子简直是矛盾的综合体，酷爱读书，一下课就奔到班级图书角，上课觉得没趣了不是往后翻看没学的课文，就是偷拿出书来看，要么偷玩平板，好的时候让人有种假象，这孩子简直是个知识库，上课一遇到他懂得问题就说个滔滔不绝。他又极有礼貌，一直用“您”称呼老师，每当这时候，我就夸他是“小博士”“大学问家”“小绅士”；差的时候，依旧往地上躺，大家都习以为常了，没有人围观，慢慢地他由躺变成坐着干号。再后来，变哭号为撒娇，总爱凑到我跟前，小心地碰碰我的手，要么说“老师，求求你了”，要么把嘴贴到我耳边说这说那。我总是拉着他的手，或者摸摸他的头发，拍拍肩，这时候的小飞扬，一副乖巧的样子。

五、自律，最灿烂的笑容

寒假结束，开学第一天，早晨。“赵老师好！”办公室门口，站着的是飞扬，在笑着冲我挥手。那是怎样的笑啊——那种开心是从心里，从身上的每一个细胞里散发出来。他个子长高了一点，身体也胖了一圈，胖脸红红的，眼里放着光。

“飞扬好！”我被他的笑感染着，走过去拉着他上下看，飞扬更开心了，还有点不好意思，抿了抿嘴唇，用手指擦了两下鼻子。多么可爱的孩子，我瞬间感觉心里像照进了一束光，豁然亮堂堂，甜蜜蜜的。我从这个孩子眼里看到了他对上学，对老师的发自内心的热情。

上课的时候，我把家庭作业的统计情况展示给同学们看，用绿、黄、黑三色标示出作业完成情况，并给每天按时打卡，作业全部按质按量完成的孩子每人奖励了一本书。“我家有好多好多书呢！”一个没得到奖励的孩子酸溜溜地嘟囔了一句。“家里的书是爸爸妈妈买的，老师的书是自己的努力得到的。”我的话音刚落，飞扬就接话说：“老师，您还剩下两本书呢，想给谁？”

“当然奖励给努力学习，遵守纪律，不断进步的同学了。”我看了看笑眯眯的张丰飞扬，接着说：“或许就是你呢！”他更高兴了，坐得直直的，眼里一直含着笑。下面我展示同学们作业的过程中，飞扬好几次举手想发言，我对全班说：“老师没说完之前，把想说的话放在心里，后面会有发言的机会。”

他把手放下，没一会儿又举起来，反复几次，我知道，这个孩子在跟身体里的另一个我作斗争。没有一蹴而就的成功，也没有一劳永逸的办法，唯有爱与包容，规则与纪律，相互作用，一方面是水的柔软，另一方面是火的淬炼，相信就在这样严与爱的相互作用下，飞扬能够真正甩掉坏习惯的负累，真正飞扬起来。

六、葱花面，有趣的来历

“葱花面！”孩子们围过来，好奇地摸摸碗，一会看看我，一会儿看看张丰飞扬，不知道我们为什么会这么默契。

我笑着捧高了碗，面对着仰着头的孩子们，给他们讲起了“葱花面”的故事。

写观察日记，同学们喜欢上了种植，赵一帆种小雏菊，刘蕴涵和迟蔚然种草头娃娃，飞扬呢，别出心裁，种了一盆小葱。他写日记盼着小葱快快长，到那时候，就给赵老师做一碗葱花面，给数学老师带一棵葱，一瓶酱，再带一个馒头……

哈哈哈哈，教室里笑成一片。

“可惜张丰飞扬第一次种葱失败，他就又种了一次。所以，在他写日记给老师做葱花面到现在，已经有两三个月的时间了。赵老师也终于吃上了飞扬亲手种的葱做成的葱花面了。谢谢飞扬，也谢谢你的爸爸妈妈，老师感到很温暖。”

七、吃面，温暖与爱同在

“我也想吃葱花面！”最前排的璐璐不无羡慕地小声说。

“我想飞扬邀请他的好朋友和老师一起吃面。”我这样说是因为在一年多的相处中，同学们从开始对他敬而远之，他的同桌、前后桌总是要求换桌，到后来他的同桌固定下来，下课开始有同学跟他一起玩，也有了放学一起回家的小朋友。

从餐厅借来三套碗筷，我把面条分成四份，自己留下一份，其余都分给了飞扬指定的朋友。普普通通的面条此刻化为山珍海味，三个孩子把圆圆的细细的白白的长长的面挑起来，有的一口吃下，有的细嚼慢咽，最后大家一致的是，把面吃了个精光，连一口汤都没剩。

“真香！”

“真好吃！”

“我从来没吃过这么好吃的面条！”

捧着蓝色食盒，突然想起之前飞扬妈妈的一条朋友圈：庆幸孩子进入最好的学校，遇到最好的老师，做最好的自己！

一碗葱花面，面是关爱，葱是点缀，溶解着“严”与理解，漂浮着爱与希望，温暖着胃，熨帖着心。

以信为桥，真情入心

一、魏铭辰，好样的

“赵老师您好，魏铭辰住院，没有带课外阅读书，今天的阅读打卡背的古诗。”收到魏铭辰妈妈的信息，我忙询问了孩子的情况，知道是个小手术，心放下了一些，回信息说：“铭辰挺懂事的，也很勇敢。祝孩子早日康复。”

“谢谢赵老师，我会转告他，您对他的评价，他肯定非常高兴！”

看到孩子妈妈这样的回复，我的心里一动。孩子生病是最痛苦无助的时候，这时候老师的关怀会给他带去慰藉，这样想着，我想给魏铭辰写一封信，安慰他，鼓励他。

每个人都有被认可，被肯定的愿望，用孩子的优点肯定他，给他信心和力量。我回忆这孩子的表现，想起班里的日记，在日记中，他写了对爸爸的思念，对妈妈的爱，对成为军人的渴望。我打开班级周报，一期一期地翻看查找有关资料，把孩子的优秀品质和良好表现写进去，于是，有了这封信。

魏铭辰：

你好！

前几天你妈妈跟我请假说你住院了，需要做个手术，把我吓了一跳。细问知道原来是疝气，我百度了一下，知道这是个小手术，没危险，放心了很多。

这几天疫情紧张，听说医院又不能探视了，只能给你写这封信，希望你在医院里，仍然做那个坚强、勇敢，爱心满满的小男孩。

翻看你前几天写的日记，说和爸爸去医院检查，当听到说需要做手术的时候，你说“我想这肯定没事的，我很勇敢，因为我是男子汉！”读到这句话，我仿佛看到小小的你站在爸爸面前，像是鼓励自己，又像是安慰爸爸的坚强。看到你面对穿着白大褂的医生，强忍内心的恐惧，澄澈的眼睛里满是勇敢。我觉得之前爸爸妈妈眼里，老师眼里那个小男孩一下子长高了，长大了！

我们知道，其实，你的勇敢不是一天两天炼成的，你可是军人的儿子啊！你从小喜欢枪，喜欢和爸爸打阻击战，你经常练俯卧撑，练仰卧起坐，小小的你居然是个“大力士”，能抱起一大箱子纸。

上学期我们的奖励卡兑换，有的同学换糖果，有的换玩具，还有的兑换免作业卡，你却攒了一大把奖励卡要兑换“副班长”。从那时候起，老师就觉得你不简单，经得住诱惑，有长远目标。

你说你的理想是长大后成为一名军人。魏铭辰，你这么勇敢，一直在为实现理想做准备，赵老师觉得你一定能实现的！今天老师跟你相约，二十年后，站在老师面前的，一定是位英姿飒爽的人民解放军。

很多人可能不知道，其实你还是个小暖男呢！我经常读到你写爸爸妈妈、奶奶的日记。知道你帮妈妈整理衣服，提议给奶奶补办生日。你发现妈妈喜欢婚纱店橱窗里那件红裙子，为了让她能穿上，竟想出了长大后娶妈妈的“好主意”。爸爸出差，你特别想他，盼着爸爸回来好好陪他玩，好好抱抱他。赵老师外出学习，你说三天不见老师好伤心啊，你要把作业写认真了，课文读得洪亮、有感情，老师回来继续给你扣小印章……每次读到你的文字，老师心里都暖暖的，觉得你是个有爱心的好孩子！

假期里，你每天按照老师的计划学习。古诗挑战你得了冠军，真是太了不起了！即使住院，你还学习不辍。你妈妈说你忘了带课外书，每天的朗读先用背诵古诗代替。现在你先好好养病，等出了院再学习也不迟。如果你觉得背古诗能消除疼痛和无聊，也是件挺好的事。今天早晨看到你恢复了朗读打卡，知道你一定是已经做完了手术，在康复中，我的心情就像外面的太阳，冲破了阴云，一下子灿烂起来。

祝魏铭辰早日康复

爱你的老师

2021 年 8 月 4 日

信发出去了，孩子妈妈回复给我信息：

“赵老师，刚刚看到信息，看您的信息，我有种想哭的感觉，孩子能碰到您是多么的荣幸。很感谢您能这么记挂着孩子，作为父母我真的不知道说什么能表达我现在的心情，他恢复得很好，昨天已经出院了。”

“这封信我会帮他打印出来，给他保存好，在他刚刚步入一年级能有幸和您结伴，是他学习成长路上最大的幸运，我想等他成年回过头来看看这封信，他肯定内心充满感动，能结识这么一位用心良苦、温暖着童年的老师！”

知道孩子已经出院了，我很开心。虽然我是个不大喜欢别人感恩的人，但是通过这件事能进一步融洽家校关系，对孩子的以后的学习，家长对老师的支持有帮助，也算是这封信的副产品了。

二、刘梓坤，学校见

新学期开学了，教室里却有一个座位空着，数来数去，是刘梓坤没有来上课。很快接到家长请假信息，孩子感冒输液，请假两天。两天后，又接到了请假信息，感冒转成肺炎，要住院治疗。

在孩子们结束了长长的假期，欢天喜地地走进学校的生活，刘梓坤却进了医院，可以想象孩子和家长此时的焦躁与无奈。让师爱的温暖抚慰孩子的心灵，我决定给刘梓坤写一封信，勉励他多吃饭增强免疫力，承诺回校后给他补课。

梓坤：

你好！

开学第一天，我看到一个座位空着。把一张张小脸看过来看过去，一个个名字看了好几遍，发现是你没来。我心里像是有面小鼓，一个劲地敲着，梓坤怎么了？

那天你妈妈跟我请假，知道你是感冒了，我才松了一口气。谁知道第二天你妈妈又跟我请假，说怕什么来什么，你的感冒发展成肺炎，住院了。短短的两行字，我反复读了好几遍，希望不是真的。当我翻到你妈妈的朋友圈，看到的却是你躺在病床上输液的样子，我才知道，你是真的住院了。

梓坤，别的孩子告别了假期，背着书包高高兴兴走进学校，升入二年级的时候，你不能和大家一起坐在教室里，共享升级的快乐，相见的快乐。我仿佛看到，你孤零零地躺在病床上，一点一滴数着下落的液体。我真的特别难过，好想抱抱你，安慰安慰你。

梓坤，你还记得吗？去年我刚到咱们班的时候，你们还是一年级，我总是把你和马梓涵叫错，把你叫成马梓涵，把马梓涵喊成你。甚至还喊成刘梓涵，马梓坤。每当我喊错，同学们就大声笑，纠正我，回头看你们。那时候我好尴尬啊。马梓涵就张开嘴大笑，你呢，总是有些不好意思，低着头笑。你笑起来真好看，有点羞涩。

现在我再也不会弄错了，我牢牢地记住了，马梓涵白白的胖胖的，你却有点黑，瘦瘦的。你确实是太瘦了，捏一捏你的小胳膊，都能碰到骨头，是不是吃得少？病就爱找不爱吃饭，吃饭少的孩子当朋友。经过这次生病，你一定记住了，多吃饭，也像马梓涵一样长得白白胖胖的。

哎呀，当我脑补你吃胖以后的样子时，好像把你俩重叠在了一起，刘梓坤，马梓涵，我再次分不清了怎么办？哈哈，我是空担心了。爸爸妈妈都能分得清双胞胎，老师早已把你们每个人都清清楚楚地记在心里了。

梓坤，你也不用担心，肺炎这种小毛病，是细菌或者病毒引起的肺部感染，只要输输液，让药物和体内的细菌、病毒大战几个回合，那些侵入你身体的敌人就统统缴枪投降，被消灭干净了。你呢，就不会发热啊，咳嗽了。病好了之后，可得长个教训，要多吃饭，多锻炼，适时增减衣服，增强免疫力，让身体壮壮的，感冒就会减少了。

我这么叮嘱你，其实我也感冒了，如果你能来上课，就能听得到我也经常咳咳的，不过老师是大人，免疫力强，吃些药就会好的。你看，谁都会生病，没什么的，所以，不要担心。

梓坤，让老师特别感动的是，你虽然不能到校，但是每天的作业你都能完成，老师真是太佩服你了。这几天的作业，每天平板上你的正确率都特别高。老师能想象，在医院里你一定没有光躺着，也在看书，读书、做练习，完成作业。你一定把平板带到了病房，斜倚着坐在病床上，右手拿着平板，一个题一个题地认真做。

我们布置的日记你一篇都没有落。我读了你的《乌龟越狱》，题目特别形象，拟人用得非常贴切，你写了小乌龟越狱用的三个绝招：“翻滚”“跳跃”“叠罗汉”，这样的总结又精练又新颖，太到位了。

我读了好几遍，好佩服你的观察能力和想象力，对词语的运用能力。

告诉你，这篇日记已经被老师选入周报了，下周你一定能到校了，到时候拿到周报，同学们看到你的三只小乌龟正在叠罗汉的图片，一定会觉得特别新奇。

梓坤，这几天你妈妈天天问我作业，我觉得她是担心你落下课。这个你不用着急，你这几天天天读书，做作业，一定有了基础。你把自学过程中不懂的，没掌握好的做好标记，到学校后，我们可以利用课间、课后延时等时间我们一起解决。

梓坤，看到你生病期间表现出的高涨的学习热情，落下的一周多的课没问题的，别担心，相信你很快能够赶上。同学们都特别期待你回来，回到二一这个温暖的集体，老师和同学们都会热烈欢迎你归队！

祝：早日康复！

赵老师

2021 年 9 月 12 日

“真心谢谢赵老师，我给孩子读着读着我都掉眼泪了！哽咽得读不下去了！老师不是妈妈，却胜似妈妈，感谢老师妈妈！也祝您感冒早点好，身体康健！”刘梓坤妈妈的回复里满是感动。

第二天，我和家委会商量让大家帮助编辑作文周报，梓坤妈妈马上报名参加。我知道她工作比较忙，但是还要挤出时间为班级做事，为这样的家长感动着。

开学两周多，魏铭辰和刘梓坤这俩孩子学习上都很积极，魏铭辰上课总是坐得端端正正，用良好的表现表达对老师的喜爱，下了课，他也经常跑到我跟前，跟我说家里的事，对老师充满了信任与依赖。刘梓坤之前上课爱走神，现在也专注了很多。我知道，向师性让他们努力走向更好的自己。

之前在班级周报上，我常写千字文，或者集体表扬班级孩子，或者单个鼓励。《猜猜这个小孩是谁》《一个努力的帅小伙》《奔跑吧，陈奕硕》，一篇篇文章迅速拉近了我和孩子和家长之间的距离，孩子们的学习也更积极主动。我想这就是爱的魅力，这就是被关注的自豪感。

以信为桥，真情入心，我想，我找到了一条走进孩子和家长心灵的通道。

2022，愿你乘风破浪，扬帆起航

亲爱的孩子们：

昨天我们说“再见”的时候，还是2021年。今天清晨，阳光洒满大地，2022年来到了。孩子们，你们又长大了一岁了。

我是去年元旦前几天到咱们班的，那时候我们还是一一班，时间好快啊，现在我们已经认识整整一年多了。这一年，你们的身体在长高，好习惯在养成，学习的兴趣也在提升。我经常惊喜地发现你们的优点，你们的进步，我常常为你们每个人的努力而感动。

佳怡，元旦放假的时候，你因为感冒已经一周多没能到校学习了，不见你的这些天，老师总会想起那个安安静静坐在座位上认真写作业的女孩。无论什么时候，你总是一笔一画，不见一点焦躁。虽然你那么多天没到校，但是老师一点都不担心你会掉队，因为我知道，每天连日记和阅读都不落，学习上你是一点都不会放松的。

晓兮，我经常叫你“学霸”，上课，你总是举手最积极，回答问题最准确的那个。这些都是你课堂上专心专注的结果。每当你举手的时候，我仿佛能看到你的大脑在飞速旋转。认真、努力，爱学习、爱思考是你的标签，你是全班学生学习的榜样。

苇荣，这段时间你是到校最早的同学之一，几乎每天在餐厅我们都能相遇。你总是跑到跟前跟我打完招呼才去端饭，吃了饭你一分钟都不耽误就到教室读书。你那洪亮的嗓门让经过我班的老师同学都不住地点头，这个时候，我很为你骄傲。

亓淼，你也是老师眼里嘴里的“学霸”，“快”是你的特点，写作业，有的同学还在找铅笔、翻课本，你已经写了一行了。写完，你总是用手遮住一个字一个词检查。知道吗？那次我拍的你检查的视频被很多家长当作自家孩子检查的标杆呢！新的一年，希望你上课回答问题更积极，这个学霸就更完美了。

芊叶，前几天你的稿件被选用，妈妈发来你的照片，老师一下子就爱上了那个穿着青绿色衣服奔跑的小仙女。你那灿烂的笑把整个冬天都融化了。我喜欢看你书写的时候认真的样子，一个个字认认真真，你绝不允许自己有一点马虎，这样子的于芊叶是老师的最爱。

家鑫，最喜欢看你上课端坐的样子，每天你用最端坐的坐姿迎接老师。上课，你的手总是举得高高的；朗读，你的声音又洪亮又清晰。听课的时候，你那双大眼睛总是追随着老师，那专注认真的样子总让我在心里为你不停地点赞。

奕帆，这个月你的日记打卡又是满分，好佩服你的坚持精神。知道吗？去年这个时候你一点小事就情绪崩溃，现在我都不敢相信，我们的安奕帆有了这么大的进步。每天我最愿意看到的，就是你灿烂的笑，你的笑简直有疗愈功能，能把老师的心都融化掉。你简直是个“书痴”，书让你博学，让你成为最优秀的人。

遵程，你是班里最可爱的男孩。你每天放学的时候领读古诗，从后面起，前面都听得清清楚楚。有了你，刚到门口家长们都知道咱班出来了，就做好了准备。从这一点说，你可是班里的功臣。学习上再细致些，你就更完美了。

中玉，去年才到咱班里的时候，你上课、看我的眼神都是冷冷的，总让我担心这个小男生是怎么了。今年可不一样了，我发现你的眼里总闪着求知的火花。我最佩服你的是无论什么时候，你的字都是那么认真工整，这样的孩子是最有前途的。

航航，你是全班我最早认识的小姑娘，最喜欢你的字，那么端庄秀气，像大家闺秀；还爱看你的日记，你记录的姥姥家的小菜园啊，和妈妈吃啵啵鱼啊，我读了一遍又一遍，觉得航航真是二一班的小才女。

梓涵，去年总爱叫错你的名字，把你和刘梓坤弄混了。后来我记住了，你是那个白白的，脸稍胖一点的那个男孩。全班写日记，发日记，你最积极。你写家里的鱼，写玩具，写假期和家人去旅游，你的日记总是能给同学们以启发。

煜柠，看到你我就想起了“皇军”，特别是当我拿着笔在你鼻子下面点上“胡须”的时候，更是活脱脱一个“日本鬼子”站在我跟前。那次的表演真是让观众直呼过瘾。你的日记总能发现生活中的趣事，描写生动形象，奶奶啊，妈妈啊，妹妹啊，被你描写得栩栩如生，这样写下去，你会是班里写作最厉害的人。

蕴涵，你可是班里第一个在杂志上发表日记的同学啊，《戴口罩的小灯笼》观察得太仔细，想象太丰富了，我从来没注意过这样的景象，这方面你算得上我的老师了。前几天你发了妈妈帮你做了“草头娃娃”，今天你又给草头娃娃扎上了辫子，真是太有趣了。还有爸爸到学校来进行知识讲座，我觉得你生活在这样温暖和谐的家庭里，是世界上最幸福的小姑娘。

博菡，爸爸说你的名字里有个“菡”，是因为妈妈喜欢荷花，就取了“菡萏”里的一个字为你起名，我发现你就说那朵亭亭玉立的荷花，安静、美好。特别是你一直在不断地努力，不断地进步，希望你这朵荷花绽放得更美好。

铭辰，前几天小测试，你得了99，全班第一啊！当时全班同学都向你投去羡慕的目光，老师也惊喜于你的巨大进步，真希望每天都看到这样优秀的魏铭辰。

雅卉，你就像这个名字一样，是那么雅致的一个小姑娘，像一朵花一样美好。你跳舞的样子美美的，端坐听课的样子美美的，认真书写的样子也是美美的。从日记里就看得出你对学习、生活的喜爱，那篇《远方的邻居》把发现蜘蛛的惊讶，蜘蛛的样子都写出来了，以后你会写出更多这样的美文的。

若晴，“你若安好，便是晴天”，名字里是父母对你殷切的希望。自从你当了我的语文学习委员，语文上更认真，也更努力了。当时大家都拿奖励卡换购各种玩具、饰品，唯独你，用奖励卡兑换学习委员，这样的孩子都是了不起的，希望若晴能一直引领咱班的语文成绩步步高升。

家晟，老师最喜欢你的眼睛了，黑亮黑亮的，像黑夜中的星星。眼睛亮的孩子都有一颗纯真的心。还有你的笑，像糖果一样让你看了就觉得甜蜜。

一帆，你真是个小暖男，平时帮老师抱作业，去办公室拿东西，给老师写卡片。你像小火苗，让老师心里暖融融的。你的写作功夫真深厚，一件很小的事到你笔下，又生动又形象，还非常细腻，我发现你有一双敏锐的眼睛，一颗敏感的心。你现在已经有两篇日记发表了，相信你会有更多的作品发表，一定会的！

琦尧，还记得前段时间我们周末在学校门外邂逅吗？我送你几颗狗屎糖，我说这是幸运糖，你就是那个最幸运的小孩。所有的幸运都是靠努力得来的，老师看得出你一直在努力，老师一定会看到一个更幸运的尧尧。

然然，说到幸运，你在一本杂志上发表了一篇漫画，一篇日记，确实是幸运。其实老师和家长都知道，你的幸运的背后，是你的认真、努力。每次作业，你都是用心圈画题干中那些重点的词句，用来提醒自己不要做错。你总是略歪着头，用黑亮的眼睛注视着黑板，若有所思。这世上没有白流的汗水，相信你的努力终将换来累累硕果。

腾旭，你是一轮即将腾飞的旭日，终将放出耀眼的光芒的。这一年，你从坐不住到认真听课，从不敢回答问题到每天早到校领读，你用你的行动告诉大家努力是不断生长的力量。

甜甜，“如果你不知道上课怎么坐着，就看看吴馨甜！”这是老师经常挂在嘴边的话，你也成为同学们的榜样。上课的时候，老师的目光总是喜欢投向你，看你认真听讲的样子，看你一笔一画书写的用心。相信上天不会亏待努力的孩子！

飞扬，你好几次着急地问我：“老师，我的作文什么时候能发表啊！”我知道你很着急，我也很着急。你的《失败的拔牙》和《摔倒得到的压岁钱》都被杂志选中了，因为你写得又有趣又好玩，同学们都非常喜欢，相信全国各地的小朋友也都会非常喜欢的。无论做什么都要有耐心，学习也这样，认真读好每一篇课文，用心写好每一个字，没有谁会辜负一个努力的人的。

雨萱，雨中的萱草，想想都那么美好。你的笑，你的优秀，你的努力，大家有目共睹。上课的时候，你的发言总能给大家以启发。

子涵，你的体质稍弱，总爱生病，有时候看着瘦瘦的你，老师总觉得很心疼。新的一年，希望你多锻炼，多运动，让自己强壮起来，健康起来。

怡帆，这学期，我在你眼里看到了一颗一颗，更多颗小星星，看到了你脸上越来越多的笑，看到了你学习更积极努力的样子。相信新的一年，我们的丁怡帆一帆风顺，驶向更广阔的知识的海洋。

颜颜，每次看到妈妈发的朋友圈，我都替你感到幸福，爸妈的关爱是成长最厚实的土壤，你是幸运的，有这么优秀的关爱你的父母。希望你每天都笑颜绽放，成为和父母一样优秀的人才。

梓壕，你是一个懂得感恩的孩子。老师只是把练习册借用你一次，你还想着送老师礼物表达感谢。你的枸杞温暖了我的身心，希望以后你无论走到哪里都带着这份善良，一定会成为最受欢迎的人。还有这段时间你上课积极举手的样子真美！

若童，还记得你有次期末考了满分吗？简直太令人惊喜了。从平时上课回答问题看，你是个特别聪明的女孩，再加上你的努力，一定会越来越优秀的。还有那次遇到你和妈妈边走边捡校园周围的垃圾，那美好的身影是我眼里最美的画面。真羡慕你有这样的妈妈，教你学习，教你爱护环境，真好！

泽钜，你是班里的纪律委员，是领读员，你是老师的小帮手，你大声领读的样子，像极了小老师。相信我们的谭泽钜会不断地从优秀走向更优秀。

长浩，敲下你的名字，老师的喜悦从心间跳跃到了脸上。这段时间你进步太大了，简直是坐飞机在飞升。你的聪明被你自己的努力发掘出来了，二一班又会出现一颗新星啦！

富涵，这个名字的本意一定是父母希望你成为最有内涵的人。积极努力是你的特点，上课你总是最快最端正，书写你总是最早完成，回答问题你也总是最快举手，希望继续发扬优点，成为最有内涵的人。

善泽，你睁大眼睛认真听讲的样子，你低头一笔一画书写的样子是老师最喜欢的样子！把优点发扬出来，缺点就无处可去了。希望看到越来越优秀的你！

晨溪，你真像早晨的溪流，干净、明快，你的眼里都透着善良、纯净，老师喜欢这样的你。读书是这个世上最美的事情，和书交朋友，你会发现你每天都在成长。

陈好，见到你就好像看到了小绵羊，那样可爱，那样温柔。希望你就像你扮演的那只小羊，永远快乐。也希望你克服拼音难关，多读书、记日记，有更长足的进步！

紫淇，你是班里女孩中最具有“英气”的人，大声回答，勇于表达，性格爽朗，作业用心，这样的你令所有人都喜欢。

梓坤，你是我们的“小刘老师”，那些不好回答的问题，那些令同学们沉寂的难题，往往都难不倒你。因为你是班里的读书“橙色少年”啊！笑起来会眯起眼睛，笑起来总露出小白牙，越看越喜欢这样的你。

林熙，下课了，你总来到我身边，问这问那。你的声音是你的特色，是这个世界上独一无二的李林熙。永远做最好的自己，是我们对你的期望。

嘉奕，肉乎乎的脸蛋，总想让人摸一摸；课堂总是高举的手，显示的是你的自信。老师看得见你每天的进步，只是希望这样的进步更大一些。

岫岩，你就像一块被石头包裹的玉石，经过一年多的打磨，正在慢慢露出你美玉晶莹的质地。这学期从被批评到受表扬，从字迹潦草到极其工整，老师分明看到你正在绽放出最美的光芒。

立业，如果说这学期谁进步最大？你排名第一当之无愧！字端端正正，速度急速提升，成绩飞速提高，课堂上小手频举，回答问题精彩连连。新的一年，相信你定能虎虎生威，霸气十足！

金圆，你是个安静的小姑娘，迎着你的目光，我看到少语的表面有个丰富多彩的内心世界。敞开心扉，你会发现，我们的班级，我们每一个同学，每一个老师都是你最好的朋友。

梦媛，白净的你总爱睁大了眼睛看着黑板，看着老师。你话不多，但心里装着所有有关学习的事。沉静是你的特点，新的一年，希望你更活泼一些，让快乐和微笑相伴你左右。

怀宇，我的目光常常落到你身上，敦敦实实的身材，额头上那绺有个性的头发呈好看的弧形，两颗黑眼珠极像两颗黑葡萄，有这样眼睛的孩子加上努力，一定会胸怀宇宙，做出极大的贡献的。

沐晴，小白杨一样挺立的身姿，专注听讲的眼神，凝神思考的样子，这样的你真好看。希望你一直保持这样的姿态，始终沐浴晴空，快乐成长。

子羽，小小的你安安静静，羞涩一笑的样子可爱极了。作业的时候，你写着写着就会站起来，可你的字却安静排列，像极了国庆检阅的士兵。课堂上，最爱看你倾心思考的样子，2022，愿子羽插上一双飞扬的翅膀，遨游知识的天空。

禹博，上周末看你的作业，我和李老师都发出惊叹，那端正的字体太工整了，简直像印刷的一样。能写出这样字体的人相信没有什么不好的！

孩子们，九层之台，起于累土；合抱之木，起于毫末，二年级正是学习起步的阶段，老师真切地希望每一个孩子都用自己的认真、努力，积极向上，为自己打下良好的基础，成长为祖国的栋梁之材；在不断地奋斗中一级一级地上升，让自己各方面不断地更上一层楼。

新的一年，新的希望，祝福我的孩子们学习进步，成绩优异；祝福所有的家庭祥和和顺，幸福美满！

相聚，惊艳了时光

“老师，你今天有时间吗？我们下午去找你。”

收到王欣怡的信息，一阵快乐漫过心头，分别了将近一年的孩子们，终于可以相聚啦！

新学期因为多了延时，每天早晨六点四十分离家，晚上七八点回来是日常，在日久天长的忙碌中，一颗心和家里一样，都蒙尘了。整理心情一边收拾杂乱的家，一边回忆和孩子们的点点滴滴。童心萌语奖励和老师一起吃饭，他们第一次来我家。毕业后国庆我们相聚过，过年前再聚，到今天，我们有多半年没见了。在被工作填满的日子里，常常会想起他们，牵挂着这群孩子在初中的学生，祈愿着青春期的他们事事如意。这个普通的周末，因为他们的到来，陡然华丽起来。

最享受的周末午睡，只眯了一会儿，就起来了，等待的时光我拿出备课，进行下周要讲课的准备，这也是每个周末的功课，因为在学校每天被事情催着，根本没有备课的时间。

咚咚咚，轻轻的敲门声第一时间被我捕捉到了。打开门，好一群少年，一个个一米六七的个子，就像拔节的玉米，又长高了一大截。大家坐在沙发上，围成一圈，边吃边聊。张博轩不愧叫他“大嘴”，一进门嘴就像悬挂的河流，说不完的话。康小勇有些内秀，总有点不好意思。盖献辉以为我随着去年带的三年级升级了，买了本四年级的习题册给我，还有一份带给学弟学妹的礼物。侯茹萍和王欣怡俩女孩比小学时候比跟我更亲了，读初中将近一年半，恍然一下子长大了，没有了儿童的稚气，多了少年的开朗。每一个转折点都会是改变的关键期，孩子们就这样一次次地拔节生长。

小学里最盼的是阳光长跑，春游我们一起去博物馆、长河公园，荣老师的英语课大家学绘本，语文课刘雪倩跑着上去讲题，六一我们的扇子舞引来惊叹的掌声，课本剧表演我们冠压群芳，操场上我们雪地合影……聊起小学生活，笑声一阵高过一阵。现在五个孩子都是学生会干部，老师啊，考试啊，宿舍啊，同学啊，一件件趣事经过他们一渲染，妙趣横生。一脚迈进初中，孩子们的思维方式对人对事物的看法也不一样了，更成熟更理性。

说说笑笑吃吃玩玩，转眼就四点半了。“我们出去玩吧，上次在假山捉迷藏很好玩！”张博轩想起前几次中间的节目，提议出去。大家兴趣都很浓，马上响应。

广场边，远远的，阿水家门前挤了好几个人。脑海中浮现出去年十一他们中间出去玩给我带回来一杯奶茶，那香浓的味道立刻充溢口腔。兴冲冲地走到店前，请大家喝奶茶。“拍照，拍照！”大家走到广场上，围成一个圈，伸手把奶茶聚在一起。咔嚓——咔嚓——一张张照片定格。手捧温热的奶茶，轻轻地吮吸，浓郁的奶香熨帖着身心。将近七年半的时光，从一年级入学到八年级，我看着他们长大，点点滴滴，我们彼此已经走进对方的生命。

广场上的小吃摊前格外的红火，大面筋在炭火上吱吱地冒着香气。女儿在家的时候，我们常常手挽手走在广场上，那时候就可以大大方方地和她一起买两串，过过瘾。

“要 12 串。”烤串的女人好像被这个数字吓了一跳，疑惑地看着我，那眼神好像是问她还不是听错了。我对她点点头，跟俩女孩说：“这家大面筋很好吃。”王欣怡马上喊已经在前面走出十几步的三个男生。他们回头看到我们买，立刻停下了脚步。旁边一个大约三十多岁的妈妈带着孩子也在等烤串，在一边听我们聊天，一直微笑着望着我们，眼神柔柔的。

“来，大家吃烤肠。”不知道什么时候康小勇一人买了根烤肠递了过来。“有点烫，小心点。”小暖男不忘嘱咐我们。香、酥、热，现烤的就是好吃。我们边走边聊，坐在广场旁边的看台上，居高临下，喝奶茶，吃面筋，吃烤肠。路过的大人孩子都会多看我们几眼，大概都疑惑我这么大个人，怎么和一群孩子坐在一起吃吃喝喝，嘴巴上、手上沾满了红油。哈哈，多么开心的轻松的时光！

上天桥，下楼梯，跳“荷叶台”，绕着新湖走呀走，一路我们在凉亭边休息，在党建选材栏前背诵，在湖边找跷跷板。一路走，一路有家长把电话打过来。夜色渐浓，孩子们玩性不减，知道家长不放心了，催着他们回去。

聚时容易别时难，望着孩子们远去的背影，有不舍，有欣慰。我知道，在我们一次又一次地相聚与别离中，他们会越走越远，而我，永远会站在原地，守望着一个个远去的背影，为他们祝福。

这个普通的周末，因为久别的相聚，突然华丽起来。

相聚，惊艳了时光。

最美的风景

用柳绿花红形容春天的公园简直太苍白无力了。正流连在花丛中拍照，手机响了，一定是兰兰母女到了。这样想着，一抬头，兰兰正向我飞奔过来。“哎呀，三个月不见长高了一大截！”我拉着她从头看到脚，惊喜于一个青春期女孩变化之大。

这段时间上网课，兰兰先在四川老家，作业越写越差，硬生生地把方块字画成了圆体字，在作业留言里提醒了几次都不见效，打电话才知道老家山里信号不好，父母把她和姐姐留在镇上的房子里学习，没有家长监督，缺乏自律的她学习效果可想而知。经过沟通，父母搬回了镇上，状况有所好转。交通管制一放开，他们就回来了。上午我再次了解兰兰在家的学习情况，她妈妈有些无奈，说孩子大了脾气也跟着长，总是振振有词，一听到批评就赌气、摔门，一个假期娘儿俩都要成仇人了。“赵老师，您的话她最听，帮忙做做工作吧！”兰兰妈妈话语里满是恳求。

他们14天的居家隔离期结束了，疫情也到了低风险期，三月春光正好，我们约在她家附近的公园见面。

兰兰妈妈已经走到跟前，“看大个子你们倒像娘儿俩，见到老师开心吧！”矮墩墩的她一脸喜色。“你脸红润润的，气色真好！”我由衷地夸赞。“可不是，这个假期吃了睡，睡了吃，不是说躺着也是为国家做贡献吗？”对于突如其来的疫情，我们感慨了一番。突然想起手中提的草莓，我递给兰兰：“牛奶草莓，尝尝，特别新鲜。”

我们顺着公园的小路边走边聊家常，在红云一样的榆叶梅林中，我给她们娘儿俩拍照，一簇簇粉艳的花映着她们的笑脸，成为春天最美的风景。从花丛里走出来，没想到工人正在浇水，我和兰兰每人踩了半脚泥。“哈哈，我说你们像娘儿俩吧！”兰兰妈妈继续打趣，我们比谁脚上泥多，沿着小路边走边笑。

相识将近六年，和母女俩建立了深厚的感情，良好的家校关系也让兰兰的小学生涯特别顺利。这女孩外形条件好，表达能力强，各种表演，学校活动、主持都积极参与，还有好几篇作文发表在省级刊物上，是个全面发展的好孩子。兰兰妈妈给我留下深刻的印象是在一次放学后，我给几个没完成学习任务的孩子补课，她在办公室外等孩子值日。学会的孩子陆续走了，只有媛媛的拼读仍然很吃力。我正反复纠正，媛媛妈闯了进来，怒气冲冲地兴师问罪：“都放学半小时了，还不让孩子走，还要放学的时间点干什么！”我的额外付出不但没得到家长的认可，反而是责难，我只觉头嗡了一下，木在了原地。

“放学这么久了，老师还在为你家孩子补课，我在这儿看了半天了，感动赵老师这么有耐心，家长怎么不问青红皂白呢？”兰兰妈妈看不下去了。媛媛妈脸上挂不住，领着孩子径直走了。我的心也随着傍晚的夕阳沉浸在黑暗中。“赵老师别生气了，有误会说开就好了，相信我们大多数家长都是爱戴您的！”说着，她伸出双臂，抱了我一下。我性格比较内敛，第一次被家长拥抱，当时只觉身子一僵，好一会儿才明白怎么回事，这意外的热情让结冰的心解冻了，生出融融的暖意。从此，和兰兰妈妈的交往也多了起来。后来渐渐发现，她总是无条件地支持老师的工作，线上线下，学校助学岗，为孩子们购买演出服，参加学校活动。作为家委会成员，每次活动都积极响应，并带动班级家长积极参与，我们的友谊也越发深厚。

前面环绕每棵树都有一个圆形的座椅，粉红绽放的桃花，葱绿拂动的垂柳，让人赏心悦目。帮兰兰整理了一下口罩，我们坐下，开始谈起她的学习：“才上网课的时候你主动连麦，学习特别积极主动，最近怎么了？把老祖宗创造的方块字都改成圆形了，该给你个发明奖！”我打趣她。

“前段时间迷上了追剧，一集接一集地，大脑提醒自己别看了，眼睛却停不下来！”兰兰不好意思地搓着手说。

“你看，我说她多少次了，就是管不住自己。”兰兰妈妈抱怨道。

“别着急，你家闺女智商高，情商也高，该怎么做，她心里跟明镜似的。”我拍拍兰兰，“下学期，你们就升入初中了，将迎来学习生涯的第一个转折点，学习任务也会越来越重，现在正是为初中打基础的时期，你是个有理想的孩子，实现理想第一需要的就是自律，做得到，你才会从优秀走向优秀。”

“就是啊，当初你大姐就这样，上了初中成绩就下降了，你可不能走她的老路啊！”兰兰妈妈不无忧虑地嘱咐。

“无论初中还是高中，你的任务都是学习。我转头接着对兰兰妈妈说，“但你家姑娘俊俏，怕还要抵御别的诱惑。”

“老师你相信我，无论什么时候我都会努力学习，不会早恋的！”兰兰脱口而出。

现在的孩子这么直接，真有点出乎意料。夕阳把西方天空晕染得像织成的锦缎，风里带着凉意，我看阿兰只穿了件毛衣，怕她感冒，提议回去。“妈妈没想到的事，老师先想到了。”兰兰妈妈边走边拉着我的手，“您教了孩子六年，是她一辈子的老师，就算以后我们回了四川，每年也会跟您联系的。”

我们的手紧紧地握着，柔软和温暖从她的手传到了我心中。我感激这样的家长，他们关爱自己的孩子，也支持老师的工作，密切的家校联系及时纠正了孩子的问题，最大限度地保证了孩子各方面的健康发展。呼唤更多家长和老师一起，关注孩子的健康成长。

母女俩手挽手渐行渐远，她们的红外套、黄毛衣像盛开在春天里的花朵。望着她们的背影，我的心鼓胀得像被春风拂动着的风帆，充溢着爱和暖。我深深地感受到作为老师的爱和责任，也为自己选择这个职业感到深深地自豪。

做学生生命的贵人

“赵老师，看您的信息，我有种想哭的感觉，孩子能碰到您是多么的荣幸。很感谢您能这么记挂着孩子，作为父母我真的不知道说什么能表达我现在的心情！”

“这封信我会帮他打印出来，给他保存好，在他刚刚步入一年级能有幸和您结伴，是他学习成长路上最大的幸运，我想等他成年回过头来看看这封信，他肯定内心充满感动，能结识这么一位用心良苦、温暖着童年的老师！”

“谢谢老师，长锦的进步和您的付出是离不开的，这孩子重感情，那天晚上哭了好久，第二天一上学就去找您，给我说了等他毕业了他就去您家找您，给您买肯德基……”

每次看到家长这样的留言，我都会又激动又惭愧，我觉得我只是做了一个教师应该做的事，是我发自内心想做的，没有任何的企图。做这些事的时候，我觉得我面对的不只是一个学生，而是孩子，一个和自己孩子一样、在家里被父母家人像宝贝一样爱着的孩子。在孩子苦恼的时候，我拉着她的手，细细询问，开解；在孩子生病的时候，我给他写一封信；在孩子遇到困难的时候，我给予指点……就是这样，却得到了家长和孩子的喜爱和认可，觉得特别幸福。

读陶新华教授的《慧眼识人——教师的人才观》，觉得和自己的认知特别接近。人都是不同的，如果只拿着一把叫“成绩”的尺子衡量学生，那就量出了“优等生”“中等生”和“差生”。但是，拿着多把尺子衡量学生，他们有的擅长交往，有的喜欢写作，有的热爱探索大自然，还有的逻辑思维能力强，富有音乐才华……我量出了很多天才。

和一些自身素质高，能力强的老师相比，我觉得我更能理解一些某些方面不擅长的孩子的苦恼，因为我小时候就是一个“笨小孩”。想起小时候学数学的情景，我就觉得自己迷失在一片黑森林里。什么鸡兔同笼，什么相向而行，相对而行，什么管理员一边放水一边注水……我根本不懂到底要怎么解题，他们之间是怎样构成数量关系的。上数学课的紧张，解不出题来的困惑和无奈、紧张、害怕，那么多种情绪萦绕在心头，我怕，怕老师看到我，怕老师让我到黑板上写题，怕考试。那时候，穿件新衣服都难为情，怕老师说：“这么笨，怎么好意思穿新衣服！”

这种自卑一直持续到读初中。初一我的班主任是李老师，年轻，爱笑。我语文成绩一直不错，于是，在班级里，经常听到她的赞美：

“你作文真生动！”

“优秀的同学的试卷都出得那么细致，大家都看看他！”

学校第一个期中抽考，每个班抽取六名同学，李老师让我参加了。

虽然数学和英语有些拖后腿，但是我的自信一点点建立了起来，我开始拼命地学习，除了语文，数学和英语多做题，多读多背。到了初二，那些对我像一道道鸿沟一样不可逾越的鸿沟渐渐地越来越缓，越来越平。到了初二的期末考试，我的数学考了 98 分，全科成绩跃居全班第五，我从“瘸腿优秀”变成了“真优秀”。是李老师发现了我的优势，用赞赏与支持，让我那颗自卑的心一点点打开，让我在班级里能够抬起头，李老师的关注给了我力量，也让我能够有力量把精力投入到其他科目中去。

我经常想，如果没有李老师的“慧眼识人”，我可能读不了师范，也成不了今天的我。

第二章　教学随笔

“三个一”，为开学复课保驾护航

2020年5月25日，德州市某小学五年级开学复课前一天，一个女孩的生命永远留在了12岁，尚未盛开便已凋零，令人扼腕叹息。复学前后，小学、初中、高中，发生了多起类似的事故，令人触目惊心。

这是一个特殊的开学季，长时间居家学习，亲子冲突，情绪焦虑，网络游戏成瘾等问题频频出现，造成学生情绪紧张、焦虑，压力大。对本来就存在心理或者精神障碍的孩子来说，更是雪上加霜。如何缓解学生压力，疏通学生心理，让孩子们快快乐乐地生活、学习，是复学初摆在老师们面前的首要问题。

一、一封公开信，真情动人心

5月26日，开学第一节班会课，我深情凝望着讲台下端坐的42名同学，说："孩子们，从冬天等到春天，从春天又等到夏天，老师盼啊盼，终于在教室里等到了你们！按捺不住内心的激动，老师写了一封信，读给大家听。"

亲爱的孩子们：

经历了漫长的假期，我们终于又能见面了。七点，我早早来到学校，等在教室门口，等我的孩子们回家！

远远地，脚步声由下向上，来了，来了！我按捺下内心的激动，拿好额温计和酒精，注视着楼梯的方向。一个个蓝色的口罩遮住了孩子们的脸，可我从眼睛里分明看到了他们的喜悦，还有些许的羞涩。呵呵，你看看他们，张玉辉、林立臣、李铭昊，蹿高了一大截；周浩然、康小勇、齐鹏博，简直出落成了翩翩少年；闫德鸿、付文浩、刘忠毅，比年前大了两号……女生们更不得了，漫长的假期和居家的日子，她们几乎个个都修炼成了小仙女——白净、秀气，有了大姑娘的美丽和端庄。

一张口，读出"亲爱的孩子们"，情感的潮水汹涌而至，瞬间打湿了我的眼角。我强压下涌动的感情，尽量平静地读下去。我不敢看讲台下几十双眼睛，怕眼泪会落下来。"我等在教室门口，等我的孩子们回家！"读到这里，话音未落，泪水便滚落下来。我摘下眼镜擦了一下眼角，对孩子们笑笑，他们眼睛里都亮晶晶的。当我读到一个个名字，那个孩子脸上漾着微笑，其他同学都善意地笑着。信中我提到所有孩子的名字，就为了告诉他们——一个也不少，所有人都在老师心中。我走下讲台，帮张玉辉抹去腮边的泪水，摸着他的头说："欢迎回家！"这个男孩，开学前日记上的题目居然是《开学末日》，说自己紧张到爆炸，怕早晨起不来，怕上课跟不上，怕老师算总账，怕考试……我愿意这封信像一阵清风，带走他所有的怕，给他安慰，让他心安。

我边走边接着读下去，在孩子们中间穿梭，不时摸摸这个的头，拍拍那个的肩，用动作表达我的期待，我的声音在教室里回响，42 颗心一起律动起来。

二、一次家访，360 度全覆盖

切实了解学生的真实情况，家校合作共同做好孩子们的思想工作。根据网课期间学生的表现和家长、同学的反应，我根据轻重缓急，我确立了以实地家访为主，网络、电话家访为辅的不同家访方式，确保家访活动覆盖所有学生和家庭。

家访前，我通过“家访预约单”提前跟家长和孩子沟通，确定家访时间、家访主题，避免家访的盲目和无效。开学第二天锐锐上课头晕被家长接回了家，“家访预约单”上家长反映的问题是“迷恋游戏，晚睡晚起，调整不好学习状态”。家访时，锐锐爸爸先表扬了孩子开学后没有再玩手机，我及时对锐锐的改变做了肯定，叮嘱他调整好作息时间，给自己设置跳一跳能够得着的目标，放平心态。并要求家长积极配合，多陪伴孩子，用散步、谈话舒缓他的情绪，对他的弱项给予帮助，督促他养成良好的学习和生活习惯。

家访结束，阳阳爸爸表示孩子的问题他有一大半责任，假期一直把孩子放在奶奶家缺乏监管，没有尽到父亲的责任。他一再对老师表示感谢，感谢老师为了指明了教育方向。

孤僻的媛媛，敏感的子琪，迷茫的慧茹，都是老师下一步的家访对象。希望通过家校共同努力，这些孩子能够尽快进入学习，生活的正常轨道。

三、一次疏导，化解心理问题

一个班几十个孩子，背后是几十个家庭，因为父母离异、单亲家庭、隔代抚养、二孩等多种原因，一些孩子存在着很严重的心理问题，加上这个特殊的时期，长期居家，亲子关系紧张，青春期波动，孩子情绪容易暴发，甚至走极端。及时对这些孩子进行心理疏导，给予他们关心和关注，解开心结，化解矛盾，可以防患于未然。

网课过半后，晓宏总是缺课，不完成作业，和家长沟通，妈妈总是叹气："这孩子把一家人视为仇人，天天把自己关在房间里，不说话，甚至不吃饭。家人只能放任，不敢说，不敢管。"晓宏的家庭是个再组合家庭，他父亲因病去世后，妈妈带着他和姐姐再嫁。养父家还有个哥哥，比他高一个年级，学习非常优秀。养父对他非常负责任，管教也特别严。或许就是这个原因，让成绩不突出的晓宏在哥哥面前自卑，对于养父的管教产生了反感。

大课间，我以帮我搬书为名把晓宏叫进了较安静的小办公室，拿出事先准备好的糖果谢谢他给我帮忙。我们坐在沙发上闲聊起来。轻松愉快的环境，晓宏对我诉说了苦恼——之前他总睡不好觉，眼前常出现恐怖的画面。和她妈妈沟通，发现面对这个孩子的懒散，不思上进，养父和妈妈都不同程度地威胁过他，常说"不管他了""把他送奶奶家""学不好以后去搬砖"之类的话，特殊的家庭状况，让这个倔强、内向的男孩把恐惧埋在心里，产生了厌学、和家人敌对的情绪。问题找到了，我和家长商量制定了方案，晓宏的心理安全了，对家人重新充满了信任，恐惧感也消失了。

和妈妈对着干的凯凯，游戏成瘾的洋洋，经过一次次心理辅导，转变了思想，扭转了认识，心情开朗了，和家人关系也缓和了。

“三个一”，拨动了孩子们的心弦，帮助他们转变心态，调整情绪，放下负担，积极快乐投入到学习、生活中来，切实做到了为开学复课保驾护航。

发挥小组优势在自主合作探究中提升素养

联合国教科文组织国际教育发展委员会编著的《学会生存》一书指出："未来的学校必须把教育对象变成自己教育自己的主体，受教育的人必须成为教育他自己的人。"只有教会学生自主管理、自主学习，才能使我们的教育适应国际教育发展的趋势，这也是我国全面推行素质教育要解决的首要问题。充分发挥班集体的作用对小学生进行教育，让学生"自主管理、小组评价"，适应了这种教育追求。

"小组评价"就是充分调动学生的主观能动性，让学生自主管理。通过小组内部之间，小组与小组之间的竞争，最大限度地唤醒、挖掘、提升学生的潜能，让他们互助协作，在团结中竞争，在竞争中提升。

一、综合考评，均衡分组

“小组评价”是以小组为基本单位，教师对学生的学习、纪律、卫生、活动等各方面进行评价活动。构建合作学习小组是进行综合评价的前提。小组一般由 6 个人组成。在组建时充分考虑小组成员的性别、成绩、个性特征等多方面的因素，使每个组成为班级的缩影。组内有明确的分工，小组成员之间团结合作，互帮互助。小组与小组之间通过量化积分展开竞争的评价方式。

二、合理分工，明确职责

1. 小组长

小组长是一个小组的领袖，是小组评价的组织者，实施者。组长要有较强的学习能力与沟通能力，能及时向班主任和任课老师汇报本组同学各方面的情况，能加强与本组成员的沟通，记录小组同学积分情况，汇总本组一周的积分，协调小组成员之间的关系。必须做到及时、公平、公正、公开。

2. 监督员

监督小组长的工作，考核积分记录是否及时公正，向班主任和任课老师汇报小组长的工作情况。如把全班 48 个学生分为 8 个小组，采取小组长负责制。平时组长根据老师的评价和作业的等级对本组成员进行考评，督促记分员加、减分数。每两组设一位监督员，负责对小组长的工作表现进行监督、考核。老师则根据监督员的表现对学生们进行考评。

3. 组员

组员是小组合作教学的重要组成部分。组员之间是平等合作关系，他们各有分工，只有小组成员共同努力，才能形成积极向上的小组氛围。

三、小组文化，形成凝聚力

1. 打造小组文化

小组文化是小组精神风貌的体现，一个好的小组文化可以把每个成员凝聚在一起，形成一个团结进取的合力。建组之初，我要求每个小组根据自己的奋斗目标与志趣取一个组名，设计一句小组口号。于是，就有了“睿智小组”“脚踏实地小组”“向日葵小组”等，也同时有了“插上梦想的翅膀，飞向智慧的殿堂。”“脚踏实地，走向辉煌。”“我们追逐阳光，追逐梦想”等组名和口号。

2. 形成有效的小组互助体系

怎样达到小组成员之间互助的最大化？教师根据每个成员的综合表现，将小组六个成员分别命名为 1 号、2 号、3 号……6 号。遇到难题或者解决不了的问题，成员之间不是任意询问，而是有具体的要求。比如 6 号有问题不懂，他是全组综合实力最差的，他只能向 5 号询问，如果 5 号解决不了，才可以向 4 号询问，如果 3 号，2 号都解决不了，才可以向 1 号或者老师求助。这样的规定，最大化地发挥了学生的作用，让几乎所有学生感受到了自己的价值所在，让他们觉得自己都是小老师。

小组内号数的规定和组长的设置并不是一成不变的，每周根据同学们的反馈调整一次。而小组号数的调整又带动了组内成员之间的竞争与合作，激发了学生积极向上和不甘落后的心理。

3. 小组交流的具体要求

小组交流分为组内交流和全班汇报交流。在组内交流的时候，组长总负责本组的话题设置与具体要求，小组每个成员都积极发表自己的看法，形成具体的、统一的意见，由记录员记录、整理。

如果需要在本小组位置向全班交流，小组代表应该站起来，把课本（器具）等要展示的材料举高，力求全班同学都能看到；声音清晰洪亮，有条理地讲解或者叙述；小组其他成员随时做好补充。

如果需要全组成员到讲台上向全班同学展示交流，应该首先由组长安排好发言顺序，每个成员有具体的分工；而且有相应的语言作为小组成员之间的发言过渡语，比如，组长可以首先发言，“大家好，我是一组组长，下面我代表我们小组向大家汇报，我们组要汇报的问题是……我们组的观点是……”；然后，第二个同学可以说“我同意组长的观点，下面由我继续介绍第二种方法。”或者是“下面由我对刚才同学的发言进行补充。”“我认为……”，最后一个成员说“我们小组回答完毕，我们的观点是……哪个小组愿意为我们补充？”展示交流中，其中一名组员作为加分员在黑板上加减分，可以是其他小组的纪律，也可以是回答问题等的情况。

小组之间可以互相补充、质疑、问难等。如听完讲台上的小组汇报后，有不同观点或者有新的想法的其他小组成员可以站起来，说“我同意你们小组的观点，不过我有更好的方法。”或者“我想为你们小组作补充。”

如果有不同的意见，可以说“我们不同意你们的观点，因为……我们小组的观点是……”。

如果对小组发言有不明白的地方，可以质疑，“请进一步详细介绍你们的方法”“请问，为什么要进行这样的操作……”等，直到明白为止。

4. 小组合作的效果

在小组学习中，每个学生都能进行有效的思考；在这样的小组合作中，小组成员之间能进行有效的沟通；小组之间既有合作又有竞争，从而使整个班级的同学在为完成任务而学习，他们能够做到积极行动，积极思考。在解决问题中成长。

无论小组内交流还是全班交流，总的目的都是让学生思维碰撞，激发他们自主学习，合作探究，让他们在思考中有所发现，然后去归纳、总结、概括、提升。相信这样的课堂学生不再被动地接受，而是积极开动脑筋，这样的学习过程尊重了学生的个体思考，培养了他们独立的意志品质，也培养了学生的责任担当，互帮互助的能力，也培养了团队合作思考问题，解决问题的能力。

四、科学评价，有效激励

（一）小组课堂评价方法

1. 积分内容及标准（以一年级为例）

①预习检查：能完成课后生字注音，圈画出课内生字，课文朗读遍数按照完成质量的高低分别加 3 分、2 分、1 分；整个小组预习情况完成较好的小组奖励一颗星；小组内有没完成的或者整体质量较差扣除一颗星。

②课堂展示：回答问题积极，回答问题质量高，板演正确，朗读流

利、有感情，练习正确率高，受到老师表扬等加 3 分。

③达标检测。每组最先完成达标题或者背诵的同学由老师批阅，全部正确的加 3 分。再由第一个全部正确的同学当小老师批阅检查本组同学，优秀者和及格者各加 2 分和 1 分。全组全部达标加一颗星。没有达标的同学有小组长或者小老师负责监督和指导。

④家庭作业反馈。家庭作业完成得认真、干净、书写漂亮、全部正确的每次加 3 分。全组同学都对加五分。有一人不完成作业小组扣 1 分，两人不完成作业小组不得分。

⑤争当小老师。能领读生字词、指名开火车朗读、教学难字、易错字，指名评价讲故事等每次成功可以加 3 分。能帮扶学困生识字、朗读，讲题每次加 3 分。

⑥其他加分项：小测验、讲故事、好人好事。

完成作业本组奖励一颗星，如果有一人没交作业本组没有奖励。小测验个人按照成绩进行加分，小组按照从高到低排名，第一名加 3 颗星，第二名加 2 星，第三名加 1 颗星，最后一名扣一颗星。阅读课故事会上表现优秀的加 3 分。做好人好事视情况酌情加分。

（二）激励方式

1. 微信群表扬

每周末根据积分把表现优秀的与进步大的学生通过微信发给家长群；对于表现不佳的学生则单独提醒家长孩子存在的问题。通过这种方式可以形成家校合力共同对学生进行教育，及时纠正孩子的缺点和问题，还可以激发学生的上进心和积极性。

每周末评选结束后回家是很多孩子急切期待的事，因为老师的信息已经早他们一步到了家中，得到家长的表扬是她们的期待。同时，被表扬的学生知道自己也成了“别人家的孩子”，想象中有一份被认可的快乐。表扬信息也是一周的学习成果的量化体现，是孩子送给家长的最好礼物。

2.“每周之星”“每月之星”评选

班级设有“每周之星”表扬栏，班主任可以别出心裁自行设计，把“每周之星”的照片张贴在表扬栏里，并每人奖励一张先锋卡。每学期积攒十张先锋卡期末会被评为先锋少年。每个月进行“每月之星”评选，每月之星张贴在学校宣传栏里。还有“优胜小组”评选，“最佳组长”“最佳监督员”等评奖。评奖活动激发了学生的上进心与求知欲，让他们享受到了积极进取带来的荣誉感，让他们在快乐、互助与竞争中学习，也形成了不甘落后，奋发向上的班级风尚。

3.“好少年”“优秀班干部”“进步之星”评选

每学期期中和期末评选不是老师随心指定，而是根据每周的积分相加，这样的评选方法就使学生有了持久的进步动力，好的习惯就会慢慢养成。而表现欠佳的学生老师则通过信息单独和家长交流，让家长了解自己孩子的近况，从而有针对性地进行辅导教育。

4. 优秀小组评选

为了促进小组之间的竞争力，激发小组活力，彰显小组文化，每学期进行两次优秀小组评选。评选由所有任课老师，各组成员及家长代表参与，各组竞争“优秀纪律组”“最美和谐组”“最佳思辨组”“最具活力组”等。在这样的评选中，各小组的综合能力增强了，学生整体水平得以提升。

五、有效评价、效果凸显

瑞士心理学家皮亚杰提出了关于儿童发展的建构主义思想，强调人的主体能动性，即要求学习者积极主动地参与教学。小组评价制度引导学生积极、主动地参与学习，使学生与教师、学生与学生、学生与家长 、学生与文本之间保持有效互动。在评价中使学生获得对该学科学习的积极情感体验，在小组评价制度的激励下，班级的风气和学生的面貌发生了极大的变化。

（一）家庭作业完成情况明显改观

家庭作业是老师们普遍头疼的一项任务，每个班总有那么几个学生因为各种原因完不成。检查作业与偷懒不做甚至成了老师与学生之间的斗智斗勇。而通过实施小组评价后，完不成作业的学生明显减少了。因为小组评价分为单独评价和集体评价两方面：作业完成优秀的同学可以加 3 分，完不成要补完作业，还要扣 2 分。而且全组同学都完成作业小组可以获得一颗星的奖励，有一人完不成也不加分。不完成作业的就是拖了全组同学的后腿，会受到全组同学的谴责与督促。这样一个人的家庭作业因为关系到其他几个同学的荣誉，所以就不仅仅是个人的事。在集体力量的作用中，很多孩子就会克服懒惰的思想，慢慢地坏习惯就得到了矫正。

（二）后进生提升迅速

格拉塞认为，怎样才会学有成效、学业达标呢？首先得有学习的意愿。在合作小组中开展互助学习，小组成员之间相互交往与合作，彼此尊重，共享成功的快乐，这是满足学生基本需要的有效途径。

作为老师，最大的期望就是所有的孩子共同进步，但是因为学生的智力因素、个人习惯、家庭环境等原因现实总是不尽如人意。怎样督促积极性不高，懒惰的孩子也上进呢？我也尝试着采用小组评价的方式。在平时的检测中，如词语听写、课文背诵、默写检查中，老师检查最先完成同学的作业或者背诵，第一个完全正确的同学即成为临时组长，负责检查其他同学的作业、背诵；并根据完成情况打分，小组之间展开竞争，分数第一的小组全组加分，小组成员每人发一张先锋卡，分数最后的小组除了全对的学生，每人扣一分。这样在记忆背诵时，学生都会全力以赴，小组成员之间还会互相督促、检查。

每次检测结束，老师公布成绩的时候，是班里最安静的时刻。孩子们高度紧张，得分最高的组员会欢呼，减分的组简直会跺足捶胸。不加分也不减分的也会很失望。在这样的氛围中，学生的学习积极性和上进心被充分地激发了起来，他们的自尊、自强和集体荣誉感得到了极大的提升。就在这样一次次评价中，他们在进步，在提高。

（三）“学习伙伴”相互提升

小组评价中还包含着“学习伙伴 ”结对制度。从班级里选拔责任心强，成绩优秀的学生和后进生结为学习伙伴。作为同桌，两人在一个学习小组内，课上做完练习、检测完毕后，学习伙伴要对同桌进行及时检查，发现困难或者错误能够及时帮助、纠错。比如如果课上学生生字正确认读没能过关，课间时间学习伙伴就要辅导、帮其达标；然后到老师那里去检查，过关后小老师可以加 2 分，过关同学加 1 分。这样既解决了“好学生”做完题后没事干，又解决了“后进学生”接受能力差、对新知识领悟慢需要扶助的问题；在辅导中“好学生”又会进一步夯实了基础；而这样使双方都会受益。不仅仅是课堂上，学习伙伴还负责作业检查，背诵过关等。一对一的辅导、督促最大限度地消灭了“差生”的存在，解决了老师无法对几十个孩子全面顾及的问题。

学习伙伴采取每周一评选，检测后颁奖的方式，比谁责任心强，比谁的学习伙伴进步更快。进步快的一对学习伙伴会双双获得先锋卡奖励。这样的荣誉不仅仅是从成绩上对学生的激励，老师更会从品德上鼓励全班同学团结一致，互帮互助，形成集体的合力。

小组评价制度的实施极大地调动了学生学习的积极性，培养了学生自主学习，自主管理的能力。全班学生在竞争中提高，在进步中更加团结。勤奋、乐学、团结、进取的班风也形成了。

教得有层次，学得有兴趣

前两天听了徒弟的课《中国美食》，这是识字单元的一节课，徒弟就识字而识字，完全按照听课文录音，带拼音读词语，去掉拼音读词语，单个认词语，按照课后练习题了解菜的烹饪手法，一堂美食课上得味同嚼蜡。

明天我要上这一堂课，仔细研读，我发现这是一篇以“中华传统文化”为单元的识字课，是继祖国壮美山河、传统节日文化、汉字文化之后，美食文化的课文，首先要突出人文主题——中华传统文化。于是，我从舌尖上的秘密导入，通过视频将学生带入中华绵延五千年的美食传统中。

接着，我以学生熟悉的中国人饭桌上的规矩带动整篇课文的学习。中国人吃饭，都是先上菜，再上主食。而上菜又按照从凉菜到热菜；素荤搭配，符合鸡、鸭、鱼、肉俱全的规矩。

学习时，先出示“凉拌菠菜”，从“凉”字入手，让学生结合生活知道这是冷菜，不需要火就可以直接入口的菜。接着了解食材——菠菜，学生会发现这是一对形声字，属于蔬菜类，都是在熟字基础上加上草字头。接着让学生发现茄子的茄，蘑菇，葱，这几个字都是草字头的字，都是蔬菜，从而进行归类识字。

再集中认识荤菜，读菜名，说说自己吃过哪道菜。

上完菜上主食，认识蒸饺、炸酱面、小米粥、蛋炒饭几个词语，学习食字旁的“饺”和“饭”字，并进一步让学生说说吃过的食品，补充相同偏旁的字，加深理解。

“粥”和“酱”两个字采用字源识字，出示甲骨文的图片，帮助学生理解。

以上是识字过程中渗透中国美食文化的过程。接着通过出示词语再次集中朗读菜名，并认识“蘑菇”“茄子”“豆腐”三个轻声字。

烹饪手法的了解是课后练习题，所以我采用边集中识字，认识烤、爆、炖、煮、炸、炒、蒸几个字，从而归纳出带火字旁的字，可以将在这个字左边的火变成下边的四点底的形式，但都是和火有关系，进一步巩固部首表意的特点。

“炸”是本课多音字，借助图片了解二声和四声的区别，再通过当堂练习进一步巩固。

学生本身有着丰富的吃美食经历，让他们自己说说那些菜用的是什么烹饪手法，再利用平板练习当堂达标。

这一课时从美食文化入手，让学生了解餐桌文化，认识食材，探究烹饪手法，学习轻声字，多音字，集中识字和分散识字相结合，教学有层次，学生有兴趣。

平凡的世界，不平凡的人生

——《平凡的世界》读后感

如果让你选择一本书，能够称得上是你的亲密朋友、忠实伴侣、无私的导师，那我会毫不犹豫地选择她——路遥的《平凡的世界》。

当初听说要把这本小说改编成电视剧搬上荧屏的时候，内心涌动的除了期盼和喜悦，还有丝丝的惧怕。曾几何时，她是我的枕边书，闲暇时，临睡前随手一翻，马上进入了熟悉的故事，思绪随人物的情感起起伏伏。书中的主人公，孙少平、孙少安、润叶、徐向前……都像是生活中的亲密朋友。我走过他们的生活，闯进他们的世界，和他们一起走过苦难，走过悲喜；感动着他们的感动，幸福着他们的幸福！和他们一起在真、善、美的碰撞中成长、成熟；在中国社会巨大变革的阵痛中挣扎、独立。我与他们相知许久却久未谋面。当知道他们就要出现在我面前，真有些忐忑，怕不是我心中的样子，怕和相知几十年的朋友生分了。

《平凡的世界》——孙少平

如果能用词语来概括孙少平，我能想到的最美好的几个词是：自尊、自强、坚韧、担当、善良。这个出生在贫困之家的年轻人，极度自尊又极度自卑，衣服捉襟见肘，每天果腹的是几个黑面高粱窝头，在这样窘迫的青春岁月里，他如饥似渴的阅读填充饥肠辘辘的身躯，书是他成长的精神食粮，为他打开了一个广阔的世界，内心也由此宽厚、博大。面对伤害他的同学，他以德报怨，赢得了感激与感恩。书更指引他走出双水村，走进县城，走入铜城，让他完成了一步步蜕变。

在县城揽工的生活，可以说他历经磨难，背上那一片片疤痕便是见证。煤矿上的艰辛吓倒了那些条件优越的子弟，却让他如鱼得水。在外打拼他不怕苦，不怕累，舍得力气，吃得了亏。他觉得无论走到哪里都有好心人相助，自小的兄弟金波，曹书记两口子，王师傅一家，都给了他心灵的慰藉与关爱。殊不知，没有无缘无故的爱与恨，正是因为他的无私付出，他身上洋溢着浓浓的人情味，才让他同样收获了关爱与帮助。正所谓“赠人玫瑰，手有余香”。

和田晓霞的爱情是他生命中最绚丽的风景。即便如此，巨大的家庭、身份差异，也让他始终在甜蜜与苦涩中交织。最后田晓霞的牺牲让他心灵上和身上一样留下了一个永久的疤痕。

孙少平是在这个平凡的世界中生活的一个平凡的人，是万万千千中国劳动人民中的一个，他却是中国社会的脊梁！孙少平身上这些美好的品质折射出的正是中国传统文化的精髓！无论是过去、现在还是将来，都永远闪烁着金色的光芒！

《平凡的世界》——田晓霞

如果有一个人的人生令我向往，如果可以复制成为另一个自己，那我想成为田晓霞。作为一名干部子女，她身上毫无娇气。她独立，有主见，敢爱、敢想、敢恨；作为一个女孩子，常常风风火火地“披着件衫子”；爱读书，爱思考，因此视野广！

对农村来的孙少平、金波等人，丝毫没有高高在上的优越感，而是尊重、平等、帮助。大学毕业，她凭自己的能力进入报社，成为省报记者；爱情上，她不讲究门当户对、学历相当，竟然爱上一个农村来的揽工汉。她说：“我放纵自己的天性，相信爱情能给予人创造的力量。我为我的‘掏炭丈夫’感到自豪。真正的爱情是心甘情愿地与爱人一起奋斗并不断自我更新的过程。”她完全遵从了自己内心的呼唤。

当洪灾来临时，她为了救一个女孩，毅然跳入了滚滚的河流，把生命推给了一个更小的生命。她的事迹可歌可泣！在田晓霞身上，我看到了中国女性的独立、自由，坚强与善良！

摒弃世俗的偏见，遵从自己的内心，想自己所想，做自己想做，敢爱敢恨，勇敢地追求属于自己的幸福——这是田晓霞给我的启示。

《平凡的世界》——田润生

在《平凡的世界》这部人物众多的小说中，个性鲜明，能力超强的人很多，相比来说，田润生没有特长，缺少个性，能力平平。用田晓霞的话说：她可以和少平、金波一起疯玩，他们能说、能吹、能唱、能演，视野宽，可以在一起谈天说地，而堂弟润生像跟木头一样。他甚至是懦弱的，有强势威严的父亲，有姐姐的不幸婚姻，让他自卑，对婚姻爱情甚至是恐惧的。就是这样的一个青年，却让我感到亲切。他代表着大多数最平凡、最普通的人，我就是他曾经的样子。

可是就是这样一个最普通的人，当目睹姐姐婚姻的不幸，父母的孱弱，一夜之间仿佛长大了，勇敢承担起一个男子汉对家庭的责任。也因为同情郝红梅母子，他由单纯的同情萌生保护的念头，再到热恋，他超越自己，向世俗挑战，冲破父母、乡俗的阻力娶红梅为妻。

田润生是平凡的，他敢于追求自己的幸福，勇于承担对家庭的责任，他是这个社会的基石。

顽强创业的孙少安，在爱情与婚姻中挣扎，最终找到幸福的田润叶，踏实肯干、吃苦耐劳的秀莲……《平凡的世界》塑造了一组普通人的群像，他们代表着最广大的劳动人民。这些人身上，体现了几千年来劳动人民最美好的品质：勤劳、善良、正直、无私……走进小说，他们仿佛就是你的亲人，朋友。走出小说，置身于这个平凡的世界中，成为一个最平凡的人，尽自己最大的努力，做最好的自己：努力做一个好儿子，好丈夫，好父亲，好老师！

书，今生与你相伴

书，是我的挚爱，无论是过去，现在，还是将来。

（一）读书，发自骨子里的喜欢。

20世纪80年代初的农村小学，在母亲用碎花布亲手缝制、拼接的书包里，除了语文、数学课本，铁皮铅笔盒，几个练习本，再不见其他东西。

三年级，同学带去一本书——《一千零一夜》，那是她哥哥借同学的。我再三央求下，她同意借我一晚上。昏暗的煤油灯下，闷热的土坯屋里，一个不知课外书为何物的男孩，一脚踏入古印度神奇的传说。那个晚上我几乎没睡，囫囵吞枣看完了整本书，第二天把书还给同学的时候，整个人还恍恍惚惚地沉迷于古阿拉伯神奇的世界中，就算那样走马观花地阅读，很多故事仍刻在我的脑子里。

《一千零一夜》把我带入了课外书的广阔天地，惊鸿一见，惊为天书，再难忘记。从一个个精彩的故事中，我懵懵懂懂地看到了勇敢、智慧，善良，忠诚；贪婪、懦弱，丑恶，背叛……那些黑色的方块字在无声地告诉我，什么是对的，什么是错的，该如何去做。

（二）书，与你一见倾心。

初中毕业，和同学进城。在湖边的报亭买到自己的第一本课外书《撒哈拉的故事》。从此，三毛闯入了我的内心，她率性、自由、洒脱，她就像田野中的一株大树，沐浴着阳光、承受着风雨，根深深地扎进泥土深处，枝丫自由地伸向天空。那是怎样一个热烈的生命啊！在那个 80 年代的农村，一个闭塞的男孩无论如何不敢想象。读三毛，生活中循规蹈矩，"自由"，"远方"却在内心萌芽，疯长。

后来，我又读了《哭泣的骆驼》《稻草人手记》《梦里花落知多少》《雨季不再来》……越读三毛，越觉得三毛是我的一个梦，是心中的另一个我。读三毛，连同三毛的善良，一起刻进了我的骨子里。她没有种族歧视观念，无私地帮助哑奴一家；在沙漠开车，一次次停下来载搭车客；被当地人仇视，仍不改初心。这是一个怎样的奇女子啊！好渴望自己有好多钱，也能去帮助需要帮助的人！三毛，在我心中种下了善良的种子。

（三）书，把你请入生命。

踏入师范，也一脚步入学校的图书馆，仿佛饥饿的人发现了大堆的食物，我如获至宝。《简爱》《荆棘鸟》《百年孤独》《尘埃落定》《穆斯林的葬礼》……一本本中外名著读得口齿噙香。那时候的宿舍还是平房，全班二十个男生挤在一起，品读书中人物，讨论故事情节，是大家的最爱。

我至今还清清楚楚地记得，那年我们共读《穆斯林的葬礼》，我们为新月的命运牵绊着，为新月和楚雁潮的爱情展开了激烈地讨论，大家分成两个阵营，一派赞成师生恋，为新月找到生命的知己，找到纯美的爱情而庆幸；另一派觉得师生恋不妥，但大家都喜欢这个命运多舛的女孩。当一次在午饭时间，大家谈到她的离去，热闹的餐桌忽然静默下来，我对面的男孩竟然红了眼眶。对爱情的向往，对穆斯林这个民族的了解，对玉文化及中华民族命运的关切，从一本书，从一行行文字，流淌进了我们的血液。

（四）书，与你相知，刻骨铭心。

工作了，有了自己的钱，买书，读书，藏书，成了生命的一部分。各种各样的书塞满了书架。曹雪芹，张爱玲，王安忆，史铁生，李娟，卡勒德·胡赛尼……都是我喜欢的作家，他们的文字如一条条河流，源源不断地滋养着我的心灵。《读者文摘》《读者》《课外阅读》《收获》这些杂志每期必读，家里塞得满满的，旧刊一本都舍不得扔。

语文名师王崧舟，窦桂梅，管建刚……越阅读他们，越发现自己的浅薄，心向往之，才会更孜孜不倦。《王崧舟讲语文》《窦桂梅与主题教学》《教学勇气》《教师成长的秘密》等教育理论书籍陪伴我成长。特别是管建刚老师的作文教学系列，厚厚的一摞，摆在我的书桌上，素材作文研究，办作文周报，是我随时可以请教的老师。阅读，就这样一点点刻入我的生命。

2019 年 12 月，因为我的一篇文章发表在《中小学教育》公众号，中小学班集体建设专家唐云增先生主动联系我，邀请我书写班级教育故事，为全国班主任探索一条班主任发展之路。初涉情感教育，在他的推荐下，我读了《情感教育论纲》《中国文明的经脉》《中国少年先锋队中队集体的培养》《情智教育》，情感教育的理念深深地影响着我。

因为在学校主管教科研，我读了《静悄悄的革命》《今天怎样做教科研》。进行整本书阅读，我读了《怎样阅读一本书》《让学生学会阅读》《美国学生阅读技能训练》等。《我就是数学》读华应龙老师的教育随笔，我深切地感受到语文和数学是相通的，教学方法是可以互相借鉴的。接触阿德勒的个体心理学，非常震撼，了解性格的成因，追根溯源，寻找解决办法，我从书中读到了自己，发现曾经教育中困惑的原因，越读，越觉得被吸引。从《自卑到超越》开始，我又读了《接纳不完美的自己》，正在读《阿德勒心理学全集》。《蛤蟆先生去看心理医生》对我的震撼不亚于五级地震。我从蛤蟆先生身上看到了我自己，也认识了自己，同时也能了解一些学生的性格成因，对自己对工作帮助都非常大。

这个假期，我参加了张祖庆老师的“卓越名师写作力深度训练营”和“第七届行知种子教师写作研习营”，在名师的推荐下，正在读薛法根的《现在开始上语文课》《做一个大写的教师》、张祖庆的《给语文老师的新建议》等书。

相信阅读的力量，相信爱的力量！在我教学生涯余额不足的情况下，争分夺秒，用自己最大的努力给孩子们更多的东西，以一己之力改变一所学校，一些老师，一些家庭，一批孩子！

书，与你相伴，天长地久。

享受读写的幸福

当一本好书在手，双手抚摸着厚实的纸张，淡淡的油墨香味弥漫在身边，书中诱人的风景便随着一页一页的翻动声铺展开来，这时书便有了生命，就像一位挚友，与你促膝而谈，倾心相告，于是天下最美的语言，最美的情感，渐渐化作我们的思想、言语，从而就有了一个越来越丰富，越来越有书韵的自我。

记得小时候，除了语文数学课本，根本找不到课外书。偶然从同学那里借到一本《一千零一夜》，简直如获至宝。书是同学哥哥的同学的，只可以看一个晚上。那一晚，我几乎没睡，拼命地把一个个、一行行、一页页的字看在眼里，把一个个人物、一个个故事，一件件宝物记在心中。就是那样一目十行地阅读，我却记住了书中几乎每一个人物，每一个故事。遥远的印度，这个传奇的国度，一个个神话深深地印在我的心中。

现在每个同学都可以很轻易地拥有课外书，有的家长甚至给孩子一买就是几本。非常容易得来的书籍却受到了冷落。看着一个个不爱读书的孩子，我仿佛看到：一样样美餐摆放在面前，饥饿的孩子们却视而不见。他们语言贫乏苍白，习作言之无物，却拒绝在书中汲取营养。我真想大声疾呼："傻孩子，书就是我们的精神食粮啊！"

语文名师李镇西说，多读，是语文的第一把钥匙，多写是语文的第二把钥匙。把写融入生活，记录自己生活的点滴，于是，你越来越发现，其实每天日升日落，原来都不尽相同；天天云卷云舒，却各具风景；天天都要去的学校，日日上演着不同的风景；日日见面的同学，天天都有不同的故事……于是，在你笔下，生活丰富起来，色彩明艳起来，日子充盈起来。

爱上读书，爱上写作，你同时拥有了两把钥匙，两把打开知识之门，智慧之门的钥匙。

心向未来，希望可期

春风绿，万物苏。伴随着立春，新的 24 节气开启。看似循环往复的轮回，其实是一个新的归零和起点，如同我们每一学期的循环。今天，当上课的铃声再次响起，我们站在国旗下，春光中，迎来了期待已久的开学仪式。在这里，我代表全校所有老师，欢迎你们，我亲爱的孩子们，我们一起开启新学期。

孩子们，在这个假期里，你一定和亲人团聚，欢度属于我们的传统节日春节；你还会贴春联、包饺子、收红包，走亲访友，体验着中国年的欢快和喜庆，这些都是学习。处处留心皆学问，家庭、社会是一个大课堂，能学到我们课堂上学不到的东西，能开阔视野，增长见识。祝贺你们，我的孩子们，分别一个月后重逢，我在你们的眼睛里，在你们的身上，分明看到了你们的成长。

这个假期里，我们国家还发生了很多大事，特别是现在正在北京举行的冬奥会，从开幕式起，有许多时刻，很多人惊艳到了我们。二十四节气倒计时，那一幅幅精美的画面，一句句经典古诗词，从秦汉时期穿越历史，带着厚重的传统文化向我们走来："随风潜入夜，润物细无声——雨水""春风如贵客，一到便繁华——春分""春种一粒粟，秋收万颗子——处暑"，无不凸显着中华传统文化令人震撼之美。

孩子们，这就是我们的祖国，有着五千年悠久的历史文化，我们的祖先用勤劳和智慧、辛劳和汗水，创造了独一无二的中华文明。作为一个黄皮肤黑眼睛的中国人，我们为之自豪。

相信你还记得这个时刻，各行各业的代表、国家功勋人员、56个民族的代表，手手相传国旗。一名小男孩和一名小男孩站在旗杆下，用小号吹响了嘹亮深情的《我和我的祖国》。那一刻，眼睛随着鲜红的国旗，金黄的五角星移动，把眼睛定格在那个还在换牙的小男孩身上，你的心里一定升起无限的骄傲！这就是我们今日的中国，有着强大的向心力和凝聚力，有着强大的文化自信。一个富强、民主、文明、和谐的中国，屹立在世界东方。

孩子们，今天我们在校园里学习，明天，你们就是祖国的建设者和接班人。未来中国的历史将由你们来创造，未来中国的辉煌将由你们来书写。在老师的指导下，学习知识，发展兴趣，练好本领。将来的你，可能会和谷爱凌一样熠熠生辉，为国争光；可能会像中国女足运动员一样，在逆境面前迎难而上，反败为胜；可能会成为像钟南山、袁隆平一样的科学家，为百姓造福。也可能，你就是个普通人，在自己的岗位上，发一道光，散一份热。尽自己所能，做最好的自己，这就是成功！

孩子们，春天正是播种的季节，正是勃发的季节。今天在国旗下，在新学期的开始，愿我们心向未来，种下勤奋好学的种子，种下奋发向上的种子，种下善良勇敢的种子，种下团结友爱的种子……在老师的精心呵护下，一粒粒种子将在春光里萌发，茁壮成长。

孩子们，春光里，让我们一起心向未来，希望可期。

一招一式精指导，一撇一捺成规范

错误的握笔姿势不仅影响身体发育，也是造成近视的主要原因之一。做好调查，摸清情况，拿出切实可行的措施让孩子们形成正确的写字习惯是老师们的责任。

（一）调查为先，摸排情况

不查不知道，一查吓一跳。我每天泡在教室里，天天指导孩子们写生字，做作业，为什么就没关注孩子们的握笔姿势呢？你绝想不到会有这么多的错误姿势：满把攥的，大拇指勾过去的，勾手腕的，从一年级走到二年级，简直是触目惊心。本以为我校写字指导扎实，正确率起码在百分之六十左右。实地一查看，没有低到教委主任说的5%，但是也只有三分之一能够做到握笔正确。

中高年级学生纠正起来比较难，但一二年级孩子书写时间短，还是有可能的，必须制定切实可行、行之有效的措施，保证学生在起始年级起，掌握正确的书写姿势和握笔姿势。

（二）培训指导，明确意义

学生的规范源于教师的指导，结合前期调查，为了高效落实书写要求，举行全体教师书写培训。让每位教师都能掌握正确的坐姿，握笔姿势，明确握笔三个一，掌握“四点一线定位执笔法”。在此基础上，明白规范学生书写姿势、握笔姿势的意义，减少因为错误的坐姿、握笔姿势造成的学生手指变形、脊柱弯曲、近视等的发生，切实保障孩子们的身体健康。

（三）课堂示范，专业引领

结合学校展示课活动，从规范写字姿势，握笔姿势，指导学生学会观察字形、分析结构，占格、穿插避让等，学会规范书写，并不断提高要求，进行工整、漂亮地书写。做到会写字，写好字。

二年级石秀红老师上了《坐井观天》一课，她引导学生从观察开始，教给观察方法，引导学生从生字结构入手，比较部件的高低、宽窄，发现主笔。观察占格，观察笔画的避让和穿插。在此基础上，教师以“渴”字为例，一个笔画一个笔画书写，中间不断提问学生需要主要的笔画，学生能说出该怎么写，为什么这么写，从中可以看出石老师的写字教育入脑入心。

老师写完，学生书写。石老师用歌谣帮学生规范书写姿势。老师喊：“右手准备！”学生齐答：“准备到位！”

大家一起读歌谣：

老大老二捏着；

老三托着；

老四老五跟着。

握好笔，接着规范双姿。

老师喊："双姿准备"。

一个小老师喊："坐姿。"同学们齐喊："头正、肩平、臂开、足安。"

另一个老师喊："执笔。"同学们齐喊："一尺一拳一寸。"

接着开始书写。相信经过这样不断地反复地纠正后，孩子们的握笔姿势能够得到纠正。

（四）课题研究，形成成果

书写的规范不在于一朝一夕，长时间的坚持才能逐步凸显成效。为了学生健康成长，太阳城学校语文老师利用写字课、午写时间对学生进行握笔姿势的指导、反复纠正，示范书写。其他各科老师利用上课、自习、延时等时间，规范握笔姿势和书写姿势，时时提醒、纠正，将规范书写作为常抓不懈的工作来做。

在此基础上以二年级校本课题《小学语文低年级加强写字指导的策略研究》为基础，通过集体教研、调查研究，从方法上引领，从行为上规范，营造浓郁的书写氛围，促进写字习惯的养成。通过活动促进，通过举行"我是书法小老师"比赛、优秀作品展示，"我和家长老师同写一首诗"等多种活动，家校合力，年级齐动，营造浓郁的书写氛围，促进低年级写字习惯的养成，让孩子们从小养成良好的书写习惯，传承中华民族汉字文化。

走进李镇西，走进爱心与教育

——让教育闪耀人性的光辉

手抚《爱心与教育》的封面，五个金色的大字错落有致，上面是李老师的半身像，金色的镜框后面，眼睛望向我，好像有无限的期望。

李老师想对我说什么呢？这本 310 页的书里，一定记载着他的教育理想，他的教育故事，他的教育理念。我将打开他，跟着李老师，路过他的路，感受他的心里路程，在这里，我能否如他一样，把自己的生命融入学生的生命，融入教育的生命！

【20 周年纪念版】一行小字里是时间的流逝，二十年过去了，这书中故事的主人公已经成人父，成人母了吧？如今的他们回望自己的做李老师学生的人生时光，该是怎样的感叹呢？一个人，一辈子，得遇良师，该是多么的幸运，这个家庭，该是多么的幸运！我教过的学生，能否有这样的幸运，我有没有真心地关心过学生，成就过他，让他和他的家庭因为我的存在而感到幸运、幸福呢！

两根红烛，一大一小，一长一短，像是两个并列而站的人，他们手挽手，温馨而亲切。这就是李老师心中老师和学生的关系，是民主的平等的，暖暖的。

在《引言：高扬民主、科学、个性的教育旗帜》中，李老师说自己成了苏霍姆林斯基追星族的一员，让他第一次站在“人”的高度关注教育。

二十多年过去了，李镇西们一次次振臂高呼，学生不是作为共性存在的教育对象，而是一个个独具个性的人。但是，现在还有多少老师无视学生独特的心灵，他们每天拿着一把只有“优秀”刻度的尺子衡量所有的学生，他们眼中，学生都应该是一个样子：勤奋、好学、努力、上进、乖巧、听话。这些标签集合在一起，就是“好孩子”。达不到这个要求，动辄训斥，惩罚，请家长，完全不顾孩子的个性、特长、家庭环境、个人体质。

在有的老师眼里，坐在教室里的不是一群孩子，而是一个孩子。这样的教育，造成了很多问题，甚至有的孩子产生厌学等行为，这和老师没有把“人”放在首位有直接的关系。

教育能成就人，也能“毁”人。做一个像李镇西老师一样，心中有学生的老师，与学生进行生命的对话、心灵的对话，今天开始，我将跟随李老师走进爱心与教育。

最是一年春好处，交流碰撞发新枝

学期末选书——假期阅读——开学初交流分享，已经成为我校一项传统。能成为传统的往往是经过时间检验，受到大家认可的，有突出效果的。读书交流会恰恰印证了这一点。它已经成为我校开学初一道靓丽的风景。

新教育创始人朱永新教授说：一个人的阅读史，就是他的精神发育史。同样，一个教师的专业发展史，在一定程度上就是他的专业阅读史。对于老师而言，投资大脑最根本的途径就是进行合宜的专业阅读。

看到赵元元老师在朋友圈发过这样一段话："2021，读过的书，写过的随笔，立下的目标，充实自己，提升自己，开拓自己。做老师既要读管理类的书，因为要班级管理；要读专业的书，因为要提升本专业技能；还要读历史人物的书，因为成功和失败都是一笔宝贵的财富；要读家庭教育的书，因为要和孩子一起成长，自己得先成长。再来点时间管理的书，因为自律才能自由。2021，虽然有很多不足，但好充实。”

这是赵老师一年的阅读史，有她所教语文学科的书籍《贺静“三读法”——小学语文阅读的高分》《语文阅读得高分策略与技巧》，有她作为班主任需要读的书籍《陪伴孩子终身成长》，有作为教师职业有关教育学、心理学的专业书籍《戒了吧，拖延症》《你有多自律，就有多自由》，还有历史人物类书籍《曾国藩又笨又慢平天下》，这是赵元元老师作为一名教师的阅读，正契合了教育专业知识结构。

我们知道，健康的身体需要各种营养，营养搭配越平衡，身体越健康。同样，教育作为专业领域，也拥有最合理的知识结构，我们需要50% 的本体性知识，就是所教学科的知识；30% 的专业知识，就是教育学、心理学，课程论，教育管理等知识；还需要 20% 的人类基本知识，它会构成我们专业阅读更广阔的背景。在刚才的交流中，很多老师提到的书籍，蒋军晶老师的《好好读书》等，这些书大部分都是专业类和学科类书籍。专业阅读是站在大师的肩膀上前行。“双减”背景下，当提质增效成为我们当下最需要解决的问题的时候，打造高效课堂、提高作业设计能力等成为面对的课题，而这类书籍就成为我们的指路人。将书中理论和我们的实践相结合，就会催生智慧之花。从刚才老师们的分享中，让我特别受益的还有：

教师读书是教育智慧的源头活水，读书会让教师更加善于思考，所以阅读是人不断武装自己不断充实自己最有效的手段。在今天知识爆炸的时代，书籍之多可谓是乱花渐欲迷人眼。我觉得有位专家说得特别好：

我们不仅要读名师的书，更要读名师读得那些书，那些是根本书籍。根本书籍，之所以能够发挥巨大的作用，往往阐述的是根本问题，读者也会掌握根本概念。

《论语》《如何阅读一本书》《给教师的建议》等，这些就是根本书籍。有了根本书籍还不够，还要进行知性阅读。知性的阅读是一种带有咀嚼性质的研读，需要我们边读边摘抄、批注、梳理、批判，在反复对话中将书籍中有价值的东西吸纳、内化到自己的结构之中，从而使原有结构得到丰富、优化或者重建的过程。

苏霍姆林斯基在《给教师的建议》中有这样一个事例：一位有 30 年教龄的老师上了一节公开课，受到了听课者的大加赞赏。有位老师就问她：您花了多少时间准备这节课？不止一个小时吧？这位老师说：对这节课，我准备了一辈子。而且，总的来说，对每一节课，我都是用终身的时间来备课的。不过，对这个课题的直接准备，只用了大约 15 分钟。

其实，对我们以传授知识、教育学生为职业的老师来说，当我们教授每一节课的时候，都是带着我们所有的阅读史，带着我们所有的专业积累站在学生面前。坚持教育阅读，不只是为了应付明天的课，而是发自内心的需要和对知识的渴求，这样的阅读背景，我们的教学就会变被动为主动，在面对教科书就会游刃有余。

惠特曼有这样一首诗：

一个孩子每天向前走去
他看见最初的东西
他就变成那东西
那东西就变成了他的一部分

老师们，当我们走向书，书变成我们专业知识的一部分，生命气质的一部分，他会提升我们，让我们不断超越自己，不断成为更好的自己。

本学期教师读书吧成立，诚恳希望你能来，我们共读、交流、分享，一起成长。

第三章　学习积极心理学感悟

春光美，学习忙

春雷响，万物长，在这春意萌动的季节，丁敬耘老师的发展心理学开课了。

一、期待与忐忑同在

第一次课，有期待，还有些忐忑。之前看资料，知道丁敬耘老师是复旦大学的老师，我这个90年代初的中师生倍感幸运，能有名校的名师授课，一方面弥补了自己没上过大学的遗憾，另一方面又有些怕，怕老师讲课太艰深，纯理论的知识对长期教小学的老师来说可能不好接受。但丁老师的课和我想象的完全不一样，是那样的平和，他的讲课有理论，有事例，所有的事例都是和生活密切相关的，深入浅出，让我觉得心理学不是高高在上艰深晦涩的，而是根植于生活的，是为了解决生活中的问题的。

二、在学习中认识自己，发展自己

学习之前就买了书，知道发展心理学是讲人的一生的各个发展阶段。人生活在这个世界上，有的人忙忙碌碌一生，有的付出的和获得的并不成正比，有的良好的愿望却无法获得相应的结果，很多人老了仍不认识自己，不知道自己性格形成的原因，不了解自己的父母和家人。无法做一个合格的子女、父母。我学习发展心理学的最大的目的是认识自己，了解家人和学生，根据人发展的不同的阶段和特点，采用正确的方法来教育和引导。比如丁教授讲的有关遗传和环境的重要性，认识两者之间相互依存，相互联系的关系，用皮亚杰的心理发展观为依据，让主体和客体在环境中取得平衡。

三、把握好共性和个性之间的平衡

人的发展都是有阶段性的，这是人的共性。比如说心理发展四阶段划分：感知运动阶段，前运算阶段，具体运算阶段，形式运算阶段，根据每个阶段的特点，理解孩子，知道他们该有的样子，不因为孩子的表现和符合自己的预期而拔高，让孩子按照大家共有的样子发展。让孩子享受童年，不拔苗助长。不让过高的期待催熟孩子，让他们过早地背上成人的负担，用懂事来绑架孩子。但是人也是有个性的，凡事不能一刀切，在一年级孩子能够坐在教室听课的时候，“小豆豆”被走过的街头艺人吸引，和天空飞的燕子对话，把桌板开关不停，允许这样个性的孩子存在，不能因为个性把她赶出校门。根据孩子的个性特点加以引导，小林先生的巴学园让孩子们自己选择座位，吃饭在那里也充满了趣味。这就做到了共性和个性的结合。

四、人的发展是不断探索的过程

在人的发展中，对于外界信息，要在不断顺应的过程中改变自己，发展自己。现在社会是一个高速发展的社会，如果不能适应现代社会的节奏，如果拒绝接受新事物，故步自封，就会被社会远远地甩在后面。所以，不断将新事物纳入自己已有的知识结构，通过新事物不断创造新的知识结构，是现代教师必须做到的。之所以参加新网师，我觉得我要学习，我要用新知识发展自己，不能因为年龄关系死守自己的那点知识，让学生觉得老师是个真正的“老教师”，人老，但是知识是鲜活的，是带着时代气息的。

五、用心理学知识发展学习

选择发展心理学，我是有很高期待的，作为教师，我要透彻地了解学生，我的教育要符合小学生的身心发展规律，我要用心理学知识来发展学生、指导家长，我的教学和教育要高效，因此，如果有什么建议的话，我希望丁老师在授课的时候，在举例的时候，那些心理学知识能更多地根据我们教师职业的特点，偏重讲讲基于某种心理特点如何教育学生，如何引导学生，如何让教育效果最大化。我觉得丁老师的课最直接的受益对象是老师们，但是每个老师背后都有几十个孩子，几十个家庭。

几百个老师的收获，受益的是几千个孩子，几千个家庭。大家相互影响，会更大范围地辐射更多的学生、家庭和学校，这是功德无量的事情。

草长莺飞二月天，拂堤杨柳醉春烟。春光中，学习发展心理学，发展自己，发展学生，发展家长，展现教育的魅力，真好！

学习积极心理学，走出心潮澎湃的人生

加入新网师，选课的时候，我眼前一抹黑。之所以选修积极心理学，是因为在选课的时候，无意间听到讲师的一句话：“当然，每年积极心理学都是最热门的科目。”就因为这句话，我毅然加入这个团队。而从听第一节课开始，我越来越坚信，这是我最正确的选择。

一、我的三点收获和三个显著的改变

当这学期的最后一节课结束，看到期末作业，盘点七次课程，我发现：我收获的不止三点。

1. 发现了自己的优势品质。

VIA 在线测试，我发现了我的优势品质。我的前五项优势分别是：公平公正、喜爱学习、谦虚、宽容与慈悲、真诚。当面对这些充满正能量的词语的时候，我对自己有了新的认识，甚至一些品质我自己之前都没有注意到，比如第一位的公平公正。回忆自己和学生相处，和同事相处的经历，我才意识到，家长和学生把我当成朋友，特别是那些后进生的家长，那些家庭条件比较差的学生，都一样地认可我，因为我能做到无论对哪个孩子，学习好的，学习差的；乖巧的，调皮的；家长友好的，淡漠的，都能一视同仁。每个孩子的生活环境不一样，性格成因不一样，家长的背景、经历不同，这些都不能成为我能够一样对待他们的条件。看见每一个孩子，让每一个孩子得到发展，是我的原则。继续发扬优秀品质，弥补劣势品质，用优势品质去发展自己，是我应该走的道路。

2. 学会了感恩。

每天晚上回忆今天遇到的三件好事，并通过写感恩日记的形式记录下来，表达自己的感恩之情，让心情美好。当我这么做的时候，我忽然发现，之前总把抱怨挂在嘴边的我渐渐变了，从苛求变成了宽容，心情也从总是阴云满天到晴空万里。原来心怀感恩，每日都有暖阳和清风啊！

3. 懂得了如何寻找自我效能感。

自从去年秋季我调动了工作以来，一年半的时间，我几乎都是在焦虑和紧张中度过的。听了陶教授的课程，我发现我的焦虑有了缓解，觉得自己看到了希望，找到了一些培养自我积极认知的方法。我为自己树立了榜样目标，并向着她的方向不断努力。我在发挥自己的优势的过程中，感受到了被认可的自豪感。在我紧张的时候，我通过想像成功后的快感给自己暗示，我还通过不断学习让自己生长出力量和勇气。慢慢地，我发现我的心态改变了：

（1）心态从自卑到自信。

从问题归因来看，我是个悲观的人。对于失败，我总是从自己身上找原因，常常陷入自责里，对自己非常严厉，对他人非常宽容。我觉得我经常处于“父母自我状态”中。虽然严厉的父母不在身边，但是我的解释风格一直是谴责自己，痛恨自己的。我开始学着接纳自己，爱自己，我在发挥优势品质的过程中，让大家看到了我，认可了我，我的努力获得了同事、家长和学生的认可，慢慢地，我越来越乐观，越来越自信。

（2）对学生的态度改变了，由批评到激励。

抱怨学生笨，抱怨家长不负责任，这是之前我的常态。对于后进生，我总是怒从心头起，恨从口中来。当我不断发现孩子们的优势品质后，我变批评为表扬，除了口头表扬，我还把爱心卡放在口袋里，发现学生表现好的地方，下课就会写几句送给孩子们，我给生病的、过生日的孩子写信。我通过各种各样的短期的，长效的奖励机制培养起学生的信心。我态度的改变也换来了学生对我态度的转变，他们更亲师向师了。

（3）对职业的认识改变了，由教书到育人。

当老师教好书就行了，德育啊价值观啊什么的都是虚的东西，这是我之前的想法。通过陶教授讲解，我发现身边的问题孩子确实不少，关心学生学业成绩的同时，更要关注他们的心灵，让孩子们树立正确的价值观，让他们懂得感恩。而如何让孩子们树立正确的价值观呢？我觉得首先要尊重孩子。尊重他们是尊重孩子的天性，是尊重他们独特个性。其次，要让他们感受到集体对他们的爱和温暖。他们在集体的关爱中，在老师的关心中健康地成长是我们的责任。发现他们的优势品质，挖掘优势品质，让他们在学习中体验心灵的感觉，培养习得性乐观，教给孩子们遇到问题不仅向内归因，还要向外归因，要让他们内心充满希望，要在班级良好的氛围中，在亲密关系中，在互相支持中成长。

二、我应用积极心理学处理家庭问题有进步的事例

一直以来，我一直自诩自己是个随和的、易于和别人相处的人，但是我一直没有处理好婆媳关系。在我眼里，婆婆就是个典型的农村妇女，狭隘、自私、贪小便宜，好吃懒做，缺点一大堆，优点没几个。这么多年，虽然我们没有吵过架，但是我一直比较冷淡，觉得和她没有什么好交流的，没有共同语言。当我每天写感恩日记的时候，我忽然发现，婆婆对我家还是挺好的，起码她爱她的儿子，疼自己的孙女，对别人小气，对我这个家还是比较大方的。所以，我也慢慢地让自己去靠近她，接纳她，彼此关系更融洽了。

三、我应用积极心理学处理学生工作有进步的事例

学习积极心理学之前，对于学生的一些表现我是只看到现象，不知道根源，听了陶教授的课，读了他的《教育中的积极心理学》和塞利格曼教授的《持续的幸福》，我顿悟了很多。比如，之前做测试，我总是批阅特别严格，想通过这种方式让学生知道自己的不足，从而努力学习。后来我发现自己错了，失败不是成功之母，成功才是成功之母，要让学生从成功走向成功。有个学生厌学，不愿意进校门，我找他谈话，根据陶教授的空椅子理论，我让他画出他讨厌的人，然后贴在椅子上对他说，发现了这个孩子不愿意上学的原因，对症下药，找到了方法。这样的事例还有很多，都是积极心理学教给我的。

四、我学习和推广积极心理学的行动表现如何

尝到了积极心理学的甜头，我经常向同事、向家长推荐积极心理学。学校经常有小组和大组教研，有学校性的会议，每当这时候，我都会跟老师们讲一些事情如何运用积极心理学的理论去处理，同时告诉大家我是怎么学来的。跟一些家长沟通的时候，我也是教给家长该如何去管理孩子，如何用孩子能接受的方法，喜欢的方法去做，老师们和家长都反馈这些方法特别有效，也都对积极心理学产生了兴趣，一些人也买了书来读，有的老师还购买了陶教授的课来上。

学习积极心理学，我不但发现自己，成长自己，克服焦虑，走出心潮澎湃的人生。

叙事治疗法，教师变良医

写教育叙事可以转化学生！

教师摇身一变成良医！

读陶新华教授的《教育中的积极心理学》，读“生命同构”这部分，我精神陡然一震——我看到一个词“叙事治疗”，是进行问题学生转化的一种心理治疗法。我发现和我之前记录的班级故事很相似。

叙事治疗是指老师在取得学生的信任的基础上，在对学生进行教育的过程中，对学生进行长期的观察、记录，并对叙事记录进行分析整理（思考），让本来很普通的事经过教师解读后有了非常特殊的意义。

叙事治疗不是单纯地记录学生的行为，而是在教育教学中不断地发现学生的性格优势，对学生的积极关注就能起到镜像的作用，激发出他们身上的性格力量。《礼记》中记载：“教也者，长善而救其失者也。”教育，就是要发挥长处，并纠正他们的过失。

我忽然想起一个故事：一位老师让学生除掉地里的茅草，学生想了很多方法，有的想去石灰，有的想把根拔掉，而老师采用的是在地里种上庄稼的方法。这个故事形象地说明了“教育孩子并不是纠正他们的缺点，而是去发现和发展他们的长处！”

我想起之前我写的那些教育叙事。《一个后进生被扶起的落魄人生》是我发表的第一篇教育叙事。当我把稿子投到杂志后，发现很快过了一审、二审、三审，那种即将发表的快乐和激动感觉真是溢于言表。我的心里像是小火煨着的粥，咕嘟咕嘟地冒着泡泡。

这个故事的主人公叫刘建洋，从一年级开始，我对他的评价都是“对学习没有兴趣”，讲着课，你就会发现，他的眼睛盯着教室的一个地方，眼珠一动不动，那是在神游。对着课本作业，天天一副爱咋地咋地的神情。跟他谈，人家说不会，听不进去。就这么个学生，请家长，约谈，考试狠扣分（想刺激他），小组评价，都毫无起色。因为他写的一篇作文，我发现他对自己的前途没有丝毫信心，在小学的几年，他的成绩一直落后，总是被老师批评，让他对自己都失去了信心，觉得自己人生注定是失败的，穷困潦倒的。我看后很心疼，反思自己的教育行为，小学六年，对这个孩子没有过几句表扬，家长也因为孩子成绩落后，天天把别人家的孩子挂在嘴边。生活在这样的环境中，老师家长都把孩子“看扁了”，孩子也把自己看扁了。

因为这篇作文，回看自己的教育，我非常愧疚，想方设法地想弥补这个孩子。于是让他当了楼道执勤班长，通过学生日记激发他的斗志，给家长“报喜”争取家长的配合，一系列举动让这孩子越来越灿烂。

当我的文章被杂志审核那段时间，我因为这件事对这个孩子更用心了。觉得他简直是个“宝贝”，书写他的故事，让我的文章得以发表。我的用心换来的是他的用心，他的改变大家看在眼里，惊讶在心里。

我真是个愚蠢的老师，六年时间，在孩子心灵上一直不停地挖，想把他的缺点挖掉，但是太顽固了，根本无法清除。但是当我放大他的优点的时候，发现这些“庄稼”自己占领了“杂草”的地盘，杂草一点点消失，庄稼越长越茁壮。

对比“叙事治疗”法，我发现我的记录是随意性的，缺少对一个后进生持续地、长期记录。在记录过程中，我也缺乏思考，缺乏事实联系理论的提升，没有找到现象背后的理论支撑。这些叙事，只有一部分学生通过周报了解了，更多的叙事，是我为了写作而写的，只是我写作的一部分，没有去影响孩子，所以没有对转化帮助学生起到很大的作用。

在书中的案例中，问题学生看了老师的记录，发现了自己的另一面。他以一个“第三者”角度，看到了自己的愚蠢，另一面自己令他羞愧。他发现，别人对他的“偏见”“成见”都只是他自己以为的。两个他在互相审视中，他认识了自己，叙事疗法产生了良好的教育效果。

这次阅读，让我对教育叙事有了更深的认识，长期观察记录，将记录和分析交叉进行，记录不能急功近利，要投入自己的真情等。

叙事疗法是多么有意义的一件事，教师在进行教育写作，记录班级故事，为自己的教育生活留痕，总结教育教学中的经验教学的同时，还能改变学生，促进自己教育方式的转变，丰富自己的教师生涯。真是一举两得！

明年开学季，我当老师的同时，还要当叙事治疗师，期待和孩子们相见！期待老师变良医！

用爱疗伤

当班主任桑老师跟我讲多多的故事的时候，我以为那是电视剧里才有的情节：

多多爸妈离婚了，他被判给了爸爸，却因为复杂的原因一直跟妈妈生活。因为在失败的婚姻中受到深深地伤害，妈妈把对爸爸的恨转移到了孩子身上。她明明知道孩子是无辜的，知道孩子是自己的骨肉，但面对他的时候，一副厌烦的样子，从心里爱不起来。而多多，这个十一岁的男孩，他爱妈妈，可面对妈妈冷漠的态度他想靠近又不敢靠近；他恨妈妈，恨她生了自己又不爱自己。他也夹在爱与恨之间，一边是火焰，一边是海水，这孩子在夹缝里不知道往哪里走。他委屈、难受、抑郁，种种情绪交织在一起，让他像个易爆的危险品，在班级里如果有哪个同学有意或者无意碰到了他，惹到了他，他就会拼了命地和别人打架。

第七次课，听了陶教授的《积极心理学的个案干预》，我想，如何尝试着用上这些方法帮助他呢?

首先，用班级之爱去温暖他。这个孩子的内心是复杂的、矛盾的，充斥着爱与恨。这个世界上最亲近的人都对他冷漠，所以他对周围的人是充满敌意的，以为别人也都不爱他，与他为敌，周围的人也成了他情绪的发泄口，他用打架的方式解决自己与他人之间的问题，而完全不会社交技能的沟通。除了做孩子妈妈的思想工作，让她走出婚姻失败的仇恨，另一方面要改变孩子错误的认知，让他感受到班级集体的温暖，同学们的友爱，让积极阳光的同学和他交朋友，让班集体成为他的心、情绪可以安放的地方。老师给班级同学做工作，做好心理建设，对他的情绪持宽容的态度，一起去帮助他，关爱他，当他发现同学们都在忍让他的时候，可能会改变认知模式。

其次，给孩子希望的信心。之前这个孩子的日记内容都是灰色的，充斥着委屈、愤恨。可以让写福分日记，记下在学校的开心的事，记下老师和同学们对他的好，记下妈妈对他爱的瞬间……我相信随着这些记录的增多，他的内心冻得结结实实的坚冰会一点点被融化，他会发现他的周围更多的是温暖，是爱，当越来越多的爱把生活占满，心中的恨就会越来越少。

让他认识到宽容别人也是宽容自己。仇恨就像一剂毒药，在伤害别人的同时，也在伤害自己。这孩子恨爸爸，也恨妈妈，他把这情绪放在心里，这些情绪像个小怪兽一样，在身体里乱窜。找这个孩子聊，让他把自己的痛苦、委屈、渴望都写下来，或者画画，涂抹自己的情绪，将内在的情感外化，引导情绪发泄出来。同时也引导他试着去理解父母的痛苦，接纳父母的现状，让他的情绪从激烈变得平稳下来，能宽容地对待父母，对待自己，对待身边的人。变敌视为接纳。

让感恩在孩子心中激起爱的暖流。多多十一岁了，虽然父母离婚，妈妈在这段失败的婚姻里至今走不出来，对孩子也是爱恨交织，但从物质上她从来没亏待过孩子，在她的心中，自己还是个母亲；多多不跟父亲生活，但他的生活费从来没有少给过，父亲偶尔也会过来看他，给他买东西。父母对他还是有爱的。要让多多通过感谢信的方式，回忆父母对他爱的点点滴滴。在书写中，将这些小事串联起来，多多会发现，是父母给了他生命，给了他生活，给了他宽裕的物质条件。在父母爱与恨的夹缝中，虽然他比别的孩子经历了更多的痛苦，但是痛苦也让他比别的孩子更成熟，更自强，面对挫折，他有了更强的应对能力等。这样的过程，是爱被唤醒的过程，是爱在经历了严冬后，重新萌芽生长的过程，也是多多心灵重建的过程。

鼓励孩子在自我认同感的重建中成长。一直以来，多多对自我是不认同的，他觉得自己是个多余的人，是父母错误婚姻让他来到这个世界上，他又成了父母双方的累赘，尤其是母亲，在父亲再婚后，因为她一直单身。他渴望母亲得到幸福又怕自己被抛弃，对于母亲他交织着爱、恨、歉意与无奈。在班级中，老师发现多多的优势品质，通过发挥特长让他感到自己的价值感；鼓励多多理解父母，用优秀的学习成绩取得他们的认可，用懂事和爱的行动赢得他们的接纳。同时，也教给多多管理情绪的方法，让他和同学和睦相处，和父母温馨交流，不再抵触和冲突。

每一个孩子都是天使，孩子的问题都是因为家长的教养不当，大都是家庭教育问题的产物。当班级问题孩子出现的时候，不要就事论事，要能够探究根源，分析原因，寻找对策，用积极心理学的方法引导孩子，当事故变成故事的时候，教育的效果就已经显现了。愿更多的老师拥有科学的教育方法，愿更多的孩子在爱与暖中健康快乐地成长。

第四章　生活随笔

第一场雪，我漫天的思念

周六晚上，在哗啦啦的雨声中入眠。周日早晨，窗帘缝隙透过雪白的光，呼呼地风拍打着窗户，着急地叫醒我，是想让我看看窗外的奇景吗？

哗啦一声拉开窗帘，哇，一片白色的世界！楼顶上、汽车上、冬青上，都覆盖着白白的、厚厚的雪，像是生日蛋糕上厚厚的奶油，让人真想有去抓一把的冲动。

风和雪在狂欢，风裹着雪，雪随着风，飘飞、旋转、翻滚，无数朵雪花前赴后继，把天空当作舞台，风伴舞伴奏，跳起狂想曲。是啊，经历了一年久久的分别，在这初冬季节，它们急不可待地降临人间，

久别的欣喜，重逢的欢悦，难道不值得庆祝？

每年盼望一场雪，期待第一场雪的降临，就像期盼老友重逢。

一、踏雪求学

记忆中印象最深的第一场雪，下在初二年级。早起上学，雪已快至膝盖。好像并没有犹豫多久，就背起书包，走出家门。雪已停，一轮红日正从东方升起。顾不得欣赏红日映白雪的美景，只记得咯吱吱，松软的雪在脚下叫着，一下子矮了下去。拔出腿，裤腿上，鞋上，沾满了雪屑，书包在背后左摇右摇，像是再给我鼓劲。就这样，一行脚印印在皑皑白雪上，我成了大雪封路的早晨出村的第一人。好在大路上好走多了，因为风的作用，有的地方雪被吹成了堆，有的地方雪比较薄。本来骑自行车二十分钟能到的学校，走了一个多小时，嘴边呼着热气，棉袄里面的秋衣早已湿透，棉鞋也在雪的浸润中湿了一层。

教室里，也就有一半学生，老师坐在讲桌前，没有批评我迟到，大家安安静静地做题，我也赶紧掏出书，马上抓起笔沉浸在练习中。因为人不全，老师那个上午并没有讲新课，但我心里没有一丝后悔，如果因为大雪不到校，我在家里是无论如何坐不住的，而在学校，我的心是安定的。或许因为对课堂的敬畏，我的学习成绩一路向前，到了初二下学期，我已经是班级前几名了。

二、飞雪合影

记忆最深刻的第二场雪，下在师范学校一年级的春天。已是阳春三月，迎春花吹起了金黄的小喇叭，杏花啊，桃花啊，小花苞已经鼓鼓囊囊的，酝酿着一场盛大的开放。倒春寒说到就到了，一夜之间，春天被藏在了厚厚的白色棉被里，裹得严严实实的。小花苞们、小嫩芽们，虽被冻得瑟瑟发抖，冰雪塞满了它们的嘴，冰住了身体，但是它们互相鼓着劲：别怕，春天已经来了，冰雪将化作生长的甘露。班里的女孩子们，怕都是第一次见到三月飞雪的奇景，大家嘻嘻哈哈，你呼我喊，相约在教学楼前照相。二十多个人，人找齐了，站好了，身上、头上，早已落满了雪。雪边下边化，旁边的冬青上，厚厚的雪像是融化的奶油，滴滴答答。

师范三年，是我生命中最充实最快乐的时光。宽松的学习环境，丰富的学习资源，友善的老师，友好的同学。我们像是春天的树木，吮吸着知识的甘露，不断拔节生长。在扎扎实实学好每个科目的同时，体育和读书排满了我的课余时间。晨起跑步，下午课后排球训练，晚自习写完作业后读书。庆幸师范三年我始终是勤勉的，让我走上老师岗位后，能从从容容地应对工作，健康的身体也成了我快乐生活和工作的保证。

三、雪中欢歌

当了老师，和学生一起，经历了多少场雪啊！学校不一样，学生换了一批又一批，始终不变的是雪中的快乐！

下雪了，无论在哪里，第一件事都是扫雪啊！有心的孩子扛着铁锹到校，离家近的孩子赶紧回家拿，还有的利用班级的簸箕、扫帚，铁锹开始了劳动。所有的师生都出动了，在雪白雪白的地上，在奶油蛋糕一样的校园里，这哪里是劳动，简直是一场狂欢。当一块块地面露出来，当一个个雪堆堆起来，当一辆辆小车把雪从校园运到校外后，更盛大的狂欢开始了。

从楼上望下去，校园变成了欢乐的海洋。操场变成了游乐场，你拉我推，大孩小孩，欢笑飞出了围墙。雪球满天飞，老师、同学都成目标，嗖的一下，雪球落在厚厚的棉衣上，身后传来一阵欢呼。攥个雪球还回去，啪，却打在校园中间的梧桐树上。扑扑扑，雪花落进了树下一个孩子的脖子里，大家都哈哈大笑。还记得有个女孩，太贪玩了，鞋都湿透了，我把她的鞋拿到火炉旁，帮她烤鞋……

前年冬天，第一场雪正是语文课，我带着全班同学来到操场上。大家在飞雪中跑啊跳啊，男孩子在新草坪上匍匐前进，女孩子用树叶接雪，细数雪花的花瓣，任由雪花落在脸上……那一次，我们师生、家长一起写雪，让纷纷扬扬的雪花落满了周报。

转眼一年年过去了，一批批孩子走进了中学，走入了大学，读了研，读了博，走上了不同的工作岗位。每当下起雪，我就想起我的孩子们，想起我们一起走过的时光。想起那个再没有见过面的给她烤过鞋的女孩，想起那个捧着大雪笑的男孩……

窗外，漫天飞舞的雪花像是我的思念，孩子们，你们还都好吗？

灾难，教会我的

一、热爱自然

早晨，我站在阳台上，窗外，碧蓝的天空是那样纯净辽远，朝霞染红了东方的天空，远远近近的楼群沐浴在初春的阳光下，分外柔美。此情此景，让我好想走下楼去，到之前常常散步的新湖边，欣赏阳光下垂柳倒映在湖面的柔影，摸一摸柳条上的芽凸，感受生命回归的柔韧与萌动；我还喜欢在夜幕四合时，看湖边闪烁的、变换的霓虹灯，看湖上的明月桥倒映在水中，听桥上的孩子的欢笑声飞上树梢，飞进我心里。

可是，这些都是奢望。从年后开始，每天只能宅在家里，过起了封闭的隔离生活。大自然中的风景，正在来临的春天，楼下的运动场，学校，离我们那么近，又那么远。天气阴霾时还好，阳光明媚的日子里，像是有什么在召唤，想出去的冲动像是要溢出来的水，把心都打湿了。

之前置身于自然中，觉得本身它就是生活的一部分，如今，被硬生生地隔离开，才知道，之前习以为常的生活，原来也如此幸福，我甚至开始怀念闹市，怀念大妈们的广场舞，怀念开着车，后面司机拼命按喇叭的生活。

二、珍爱亲情

忽然，警铃声由远而近，大门口的栏杆抬起来了，一辆救护车，一辆警车在前面的楼道口停下，先下来几个“全副武装”的人，白衣、白帽、护目镜、口罩！心猛地提了起来，感觉心像是被什么抓住了，脑袋嗡了一下。恍惚了一阵，耳边响起了推窗声、说话声，很多脑袋探出来。他们和我一样，满脸严肃。医务人员很快进了楼道，好一会儿，担架抬出一个人。警察拿着喇叭开始喊话：“各位居民大家好，今天小区确诊了一名新型冠状病毒病例，现在对该楼道进行14天的封闭管理。请大家不要慌乱，请相信我们会妥善安排好大家的生活物资……”儿子紧紧地抓住我的手，爱人把胳膊搭在我们肩上，三口人谁也不说话，只静静地看着，听着。我们靠得那么近，都能听到对方的心跳，听得到彼此的心声——一家人，在一起，健康平安，真好！

一会儿，小区微信群炸了锅：患者的儿子在武汉经商，回家过年，昨天确诊。今天救护车拉走的是父亲，症状明显。现在密切接触者都进行了隔离，整个楼道被封……虽然宅家里不能出门，新型冠状病毒、肺炎、逆行者，这样词语每天会在新闻上出现无数次，仍然觉得非常遥远。没想到，现在，这个恶魔离我们如此近。闭上眼睛，仿佛恶魔就在身边，不知道什么时候，它会伸出利爪，将我们抓住。这么想着，猛然打了个寒战。

“爸爸，我害怕！”儿子抱住我。我把孩子拥入怀里，轻轻抚摸着他的头：“孩子，没事的，我们不出门，保护好自己，一切都会过去的。”在孩子面前，大人都会藏起自己的软弱和恐惧，表现出坚强和勇敢，“我们天天看新闻，钟南山、李兰娟院士等科学家率领团队研制的疫苗已经开始动物实验，治愈出院的新冠感染着的血浆也被证实效果很好，我们只是呆在家里，可有那么多的医护人员冲在前线，他们都不怕，我们怕什么！”儿子情绪稳定下来。

三、培养怎样的学生

我准备好课件，准备上网课。对于这个新生事物，学生由开始的新鲜、忙乱，到慢慢顺手、适应。但是，也暴露出很多问题；有的学生不按时上课，拖拉懒散；有人开着麦，传来电脑或者电视声；检查课文预习，屏幕对面吭吭哧哧。还有好几个家长的求助：老师，什么时间开学啊？孩子在家要疯了，组团玩游戏；老师，孩子就是不写作业，你狠狠罚他。自己守着孩子，却无能为力。说到底，这是自律的问题。一个不懂得自律的孩子，不会管理自己的时间，缺少了老师的监督，放任自己，学习效率低下。还有家庭环境问题。个别家长不懂得以身示范，不能给孩子一个安静的学习环境，也让老师的网课大打折扣。

我们的教育除了教知识，还要培养孩子们的学习习惯，教育他们敬畏生命，热爱自然，培养他们良好的品德。除此之外，通过孩子影响家长，改变一个个家庭。家庭这个社会的细胞健康了，整个社会才会健康、文明、迅速地发展。

四、和睦邻里

为了减少出门次数，一次买足了几天的菜。提着两大袋上楼。在二楼停下，听了听，屋里静悄悄的。敲敲门，站定等候。“福气盈门吉祥院，星光满庭美好家。”对联贴了一年，边缘已经翘了起来，墨迹也变淡了。听到屋里的脚步声，开门声。我把手里的一袋菜递给开门的张叔：“顺道给您捎了点菜。有事给我打电话，尽量别出门了！”“哎呀，又让你受累，这些天多亏了你。谢谢！谢谢！”张叔不住嘴地道谢。

往上走，又是一阵酸楚：张叔老两口就一个儿子，远在苏州，往年过年是他们最开心的时候，儿子带着儿媳、孙女回家团圆。这几天，总能看到他们五口人进进出出，欢欢乐乐地走亲访友，尽享天伦之乐。门上的对联还是去年他们小孙女写！整整一年，天天上楼、下楼看到那稚气的毛笔字。它们在老人家眼里，一定不逊于买的春联，孩子因为疫情回不来，他们连春联都懒得换了。

为老两口捎菜是妻子提出来的，当时还感动于她这份细心。赠人玫瑰，手有余香，我们顺手的事，却能减少他们的奔波，给两位老人带来一丝安慰，怎么都觉得心里舒服、熨帖。

五、迎接未来

晚上，坐在电脑前备课，准备课件，批改学生作业，宅在家里的日子没有空白，反而是充实的、紧张的。利用网络指导孩子们快乐学习、健康生活，和他们一起，度过这次空前的灾难。相信铺天盖地的疫情消息，也教他们去观察、去倾听、去思考、去改变。

已是夜晚十一点半，后面五楼还亮着一扇窗，像夜的眼睛，温暖了初春的清寒。我知道，遮住的窗帘后面，坐着一个高三的男孩，他也是我曾经的学生。当年那个调皮的男孩子，个子已接近一米八，他乐观、自信、努力。前几天在朋友圈里看到他的文章。《逆行者，我的方向》："今天你们守护我，明天，让我来守护你们！"突如其来的疫情灾难，坚定了他学医的决心。

孩子的话让我泪目。在这个初春的夜晚，还有多少个窗口亮着灯，有多少孩子在为了理想，为迎接未来而奋斗。他们是我们祖国的希望，是人类的未来！

疫情，不仅仅是灾难，也是一本教科书。她教我们思考，怎样和大自然相处，享受寻常日子的幸福；告诉我们亲情、友情、邻里之情的珍贵；还警示我们，成绩不是衡量学生的唯一标准，培养怎样的人才，关乎国家的未来……

致敬“大白”，最可爱的人

学校核酸检测群消息一出，我立马跳了起来，拿起手机跑出办公室，经过消防室使劲敲了几下门，两名消防安保人员走了出来。根据今天需要做核酸的名单，挨个和大家沟通了今天检测的大约时间，确定好在校值班的和需要赶过来的人员，力求做到一收到预备消息就做好万全准备，不延误时间。

自疫情停课以来，学校每天都有值班教师和安保人员，每天核酸检测，确保进校人员健康，避免交叉感染，将风险降到最低。为此，每天到各校挨个检测，成了区里的重要任务之一。轮到哪个学校，尽快集合，不耽误时间，是我们必须遵守的纪律。

第一次带班，多少有些紧张。我拿着要检测的名单，按照名字招呼大家排队。碧蓝的天空，太阳高高地挂在天空，大铁门的影子斜斜地躺在地上，空气中充溢着春天的气息。站在和暖阳光下，心里也暖洋洋的。

聊起当前的疫情，每个人心里都很沉重，好像有阴霾遮住了太阳。

门口停下一辆车，大家立刻停止了聊天，静静地看着。一个女孩下了车，头发有些蓬乱，眼见她脚下生风，来到了门口。不是吧？要是做核酸检测该穿隔离服啊！心中正狐疑着，看看她手中拿着的名单，明白了，她是个陪同检测的工作人员。接着，一个大白从推开车门，她穿着蓝色脚套，身穿白色防护服，手带透明塑胶手套，嘴上戴着蓝色口罩，除了眼睛，身体所有的部位都被遮挡得严严实实。这样的装扮，她每天都是上午从单位出发，从第一所学校开始，一校挨一校，一直到第十九所。下车，拿出棉棒，粘上口咽拭子，让受检者张嘴，用棉棒擦拭咽部，将棉棒头这段放进试管……一个又一个，简单机械，这样的动作要做二三百次，每天奔波，天天如此。

望着他们忙碌的样子，我仿佛看到在校上课的时候，每天，都有“大白”到校抽测 10%，他们也是这样，匆匆地来，匆匆地去。我仿佛看到了全校全员核酸检测，两个“大白”上午八点到校开始检测，中午十二点检测了四个年级，一千三百多人，中午吃饭脱防护服时，脸上的印痕清晰可见。我仿佛看到小区里，一轮轮检测时，一个个“大白”干净利索，拿、蘸、抹、折、盖，一个个动作一气呵成，在这一日复一日的重复中，城市安全了，小区安定了，人们安心了，他们用辛劳和奔波，在和病毒作斗争，在和病毒赛跑，护佑了人民的健康，维护了国家的安宁。

“大白”你们是最可爱的人！

第五章　教育日记

家暴家庭

下午放学，学校举行庆教师节活动：优秀教师表彰、师徒结对，合影、吃蛋糕。一晚上，笑声一浪高过一浪，掌声一波响过一波。到家已九点钟了，仍意犹未尽。

坐在电脑前，想敲下自己第 28 个教师节的感慨。打开手机，有条微信语音，是去年毕业的一个学生家长的。点开，一个熟悉的男声传来：赵老师，你帮帮我吧！孩子妈妈要跟我离婚，我一家四口多好啊！哪能离啊，离了孩子就没有完整的家了。赵老师，我知道这次是我错了，我不该打老婆，打孩子，你帮我劝劝她们，以后我改……怎么会闹到离婚呢？我皱起眉头。春天，妈妈向我求助，说女儿抑郁症，好几次想轻生，让我跟孩子谈谈。自己从一年级带大的孩子，虽然已经毕业离开了，但是师生浓浓的情分在，我不能袖手不管。

那次，我约孩子见面，我们在景区散步，女孩跟我诉说了自己苦恼，父母都是再婚，父亲脾气不好，两人老是吵架，她从小在父母的吵闹中长大，加上从遥远的云南来到山东，母亲怕她受欺负，周末就把她和弟弟锁在家里，慢慢地她越来越自卑。

事后我跟家长谈家庭氛围和谐的重要性，他们答应好好相处。

前段时间跟孩子通电话，她说去济南看病，父亲接过电话，告诉我医生说要想彻底治好，关键是家庭先健康，他们为了女儿，不能吵架了。没想到这才几天啊，又闹上了。

我拨通了孩子妈妈的电话，像是见了亲人一样，她的倾诉像滔滔不绝的黄河水流淌。边听我边理清了事情的经过：老二读初中，爸爸想让他住校，孩子不愿意住，怕妈妈挨爸爸打。妈妈把男孩送到学校门口，他无论如何都不进去，爸爸赶来了，踹了儿子好几脚，妈妈拦着，又打了妈妈。回到家，两人继续生气，男人生气朝女儿撒气，女儿顶嘴，结果拽着她的头发抽了好几巴掌，又把妻子打倒在地。女儿报警，母子三人离家出走住在旅馆，想要离婚。

听到孩子妈妈讲，这么多年，她一直生活在男人的家暴下，被打得到处躲，有次甚至跑到上海打工，当听说两个孩子在家饿得到坟地里找别人扫墓的东西吃时，心疼孩子，又回来了。

二十来年，男人反反复复，一而再地家暴，打完就道歉，过些日子照旧。最厉害的一次，她眼睛被打得好几天睁不开。

本来我是想劝和的，但是听了孩子妈妈的倾诉，义愤填满我的心头。“家暴”这个词之前都是在电视上、网络上听说，现在却实实在在地出现在了我的身边，而且出现在我曾以为老实本分的男人身上。我不知道当他打老婆孩子那一刻，是不是恶魔附体？是什么让他能够伸出手，把痛和伤落在亲人身上？

这样的男人，就该受到惩罚。听到他语音里哀求我劝劝妻子的时候，我对他是充满同情的，现在我态度反转，对女人说，得好好治治这个男人，让他狠狠地记住这个教训，再也不能打人了。女人很坚决，要离婚，说孩子听到她的想法都很高兴，觉得妈妈再也不会挨打了！

之前只听说过父母离婚孩子伤心难过，他家截然相反，可以想象孩子对父亲的恐惧，对妈妈的担心。

一个四十多岁的女人，没有任何文化，靠打零工带着两个孩子该怎么生活？对此我满心忧虑。每月两三千的生活费，房租、孩子的饭费书费，一定是捉襟见肘。

“我们租个房子也不贵，几百块钱，我辛苦点，孩子没几年就会大了，很快能帮我的。除了自己，我主要想跟他在一起，俩孩子都有阴影，特别是大的，现在就有抑郁症，要是再这么下去，怕是会越来越厉害。之前我是觉得孩子小，想给孩子完整的家，不想离；现在孩子大了，为了孩子，我也得离。”

电话那头态度很坚决，我有些欣慰，为了她的觉醒，为了她的勇敢；我又很担心，怕男人就是不想离的话，别对他们做出什么不好的事，或者，他们的收入无法维持生活……

得帮帮她们，我暗暗下了决心。

教师节前夜，我坐在电脑前，边敲下这些文字，心里边翻滚着。对这个家庭，我有惋惜，对母亲和孩子，我满是心疼。心里还充满了懊悔，在我带这个孩子的时候，我眼前是个热情开朗女孩，在她快乐的外表下，怎么就没发现她有颗孤独的心呢？没有关注到这个家庭的畸形，如果我的工作能再深入些，是不是会避免一些悲剧呢！

教师节，我的荣光

——致我第 25 个教师节

昨晚，学校教师节庆祝大会的激动和快乐还在耳畔，今早，迈入熟悉的学校，空气里仿佛都弥漫着昨夜蛋糕的馨香。

到了办公室，习惯性地打开手机。一条微信消息映入眼帘，是个小视频。一个女孩站在屏幕前，背后是写有“老师，您辛苦了”的屏幕，是班里最有灵性的刘蕴涵的诗朗诵。

老师——妈妈

有这样一个人，她总是每天比我们到校还要早

她没有午休，因为中午还要照顾留我们吃饭

有这样一个人，晚上下班很晚，因为她还要加班为我们批改作业

有这样一个人，周末也常常加班到夜深，因为她还要为我们编辑周报

有这样一个人，暑假也不放松，因为她不仅要备课，还要批改全班 48 个孩子的作业

有这样一个人，她总是在我失意的时候，用鼓励的话撬开我的心闸

有这样一个人，她总是在我悲伤的时候，把我内心的冰雪融化

为我剥丝抽茧，让我茅塞顿开

在我内心里，无数次徘徊，这个人就是您

多想大声地呼喊您一声，老师——妈妈

您对孩子的爱闪着温润的光华

让我在成长的路上，不再害怕

感谢您，老师妈妈

我无比自豪

您能成为我成长路上的引路人

孩子无以报答，只能让自己成长、成长、再成长

开出最美的花

我爱您，老师——妈妈！

我知道，这样的诗朗诵是家长一手策划的。从写诗，制作 PPT，教孩子一句句读熟、背诵、动作，可能家长准备了好几天，孩子练了好几天。这中间，孩子朗诵过程中，家长还在旁边轻轻地提醒。透过屏幕，我感受着母女俩的诚挚，感动着家长对老师的信任与祝福。有这样扶助孩子、关爱老师的家长，孩子定会沐浴着母爱与师爱的暖阳，更加茁壮成长。

从清晨到下午，班级群里家长的祝福信息在刷屏，满满的幸福感溢

满身心。

进入教室上早读，先到的几个孩子马上围过来。

“老师，节日快乐！”

一双双小手里拿着手工贺卡、花束、折纸，整瓶的小星星，一双双晶亮的眼睛里满含着笑意。早在前两天，学校就通过微信公众号向家长和老师们提出倡议——过一个绿色教师节。老师在班级群里也发出拒绝礼物的通知，但娃娃们仍然是心意满满。

你看这张贺卡，是一个七岁的女孩，买了材料，一颗颗亮钻，一个个小爱心，一朵朵小花，一点一点粘贴上去的。妈妈想帮忙，都被她拒绝了。孩子就想用这种最稚拙、最本真的心，表达对老师的感恩之心。手捧这些礼物，仿佛捧着一颗颗纯真的心灵，涌动着感动。

大手拉起小手，爱心碰触爱心。用爱心铺就彼此成就的桥梁。孩子们，我渡你到知识的彼岸，你渡我走出为师的幸福人生。

“老师，节日快乐哈，我今年读博了，未来几年还会在成都，老师如果来旅游，可以找我哈。愿老师身体健康，一切顺利！”

上午十点，微信里，杨露发来消息。

杨露、赵岩、刘义、朱雨、杨晨……教这批孩子还是在东七老校，两层小楼，一个大操场。粗大的法桐环绕学校围墙一周，两行梧桐树分列两旁，将中间的甬道上方的天空都遮蔽了。一到秋天，一片片黄叶飘落，把院子都铺满了。本来是安排了值日生的，但是每天早晨，几个男孩都早早到校，扛起大扫帚就直奔操场。冬天叶子落光了，他们也会将卫生区过一遍。我心疼他们手冻得冰凉，一人买了一副厚手套。

杨露的字很工整漂亮，赵岩手抄报做得精美，汶川地震，刘义省下买馒头的钱捐款，杨晨朗读入情入境，朱雨那么干净的女孩，对邋遢的同桌毫不介意，尽心帮助……

六年级毕业那个暑假，他们到我家玩，后来放了假到学校看我；考上大学，我们一起聚餐；读大学、读研，大年初一，他们到我家拜年。如今这些孩子有的早已参加了工作，有的刚刚娶妻生子，还有的正在读博。二十来年的师生情谊，没有因为时间的流逝而单薄，反而更浓了。

从早晨到晚上，收到了赵政宇、王欣怡、侯茹萍等孩子们的祝福，他们已经读初二了。有信息、有信件、有祝福视频，每一份祝福都让我内心漾起层层涟漪。

亲爱的赵老师：

您好！

不知为何，话到笔尖，但却不曾流露，可能是我们太亲了吧，毕竟六年的情感可不是白说的！

您最近怎么样，身体健康吗，工作顺利吗，教二年级的小孩是不是特别累，要更加爱护自己哦！

说来也巧，八年前，您迎接我进入小学；八年后，您又迎接我的弟弟。世界真的好小，在哪儿都能遇到！

今年虽然是我离开母校的第二年，但您永远是我的老师！

在此我谨代表原六年级学生，向您说一声："老师您辛苦了，我们永远爱您！"

学生　侯茹萍

2021.09.10

读着信件，看着自己带了6年的娃娃出落成了亭亭玉立的青春少女，我惊喜、感动。孩子感恩老师，老师何尝不感恩他们。

下班，带着沉甸甸的一袋书回家。周末，备好一周的课，即使再紧张忙碌，也要能让孩子们课堂高效。

九月十日，教师节，我享受着做教师的荣光！

一辈子做老师，做一辈子老师！

学习的每一天，都是庆典

学习的每一天，都应该让孩子们有快乐感、成就感、价值感。他们是被鼓舞着的风帆，向着希望的彼岸，快乐前行。

一、秋日清晨，一道最美的风景

秋日的清晨，红日初升，黄叶美。

远远的，前面两个人不时低头捡拾着什么。走近了，看清楚了，个头高的应该是妈妈，一手拿着塑料袋，不时蹲下把废弃口罩、包装袋捡起来装进袋子里。一个小女孩，背着个粉色的书包，正把手伸进绿化带里，把一张纸片捡起来。再仔细看，这不是我班的赵若童和她妈妈嘛！顿时，心中涌动起感动的春潮。

一位母亲，在用行动给孩子示范如何保护环境，带孩子身体力行。

没有说教，不用责罚，这就是最好的教育。德州文明城市创建，靠的就是这些最普通的人。如果我们每个人都能做到不随手丢垃圾，都能低头捡起目之所及的垃圾，我们的城市会更文明，我的校园会更洁净。拿出手机，对准这对母女，咔嚓，拍下早晨最美的风景。

上周一，还是二一班的三个孩子，怀中玉、冯琦尧、唐遵程，三位同学发现有散落的垃圾，马上清扫干净，他们的行动得到了大家的赞扬，不仅得到了老师的表扬和Q币奖励，还在国旗下领奖，被评为学校"环保小卫士"。

二一班的孩子个个阳光，他们爱同学、爱班级、爱学校。在学校的每一天，他们都是在被表扬和鼓励中度过的，因为班级有着明确的奖励制度。

二、小印章，让表扬看得见

护眼灯发出明亮、温暖的光芒，领读员谭泽钜在餐厅吃过早餐来到教室，拿出书站在讲台上，开始大声朗读。几个吃早餐的同学也陆续走进教室。刘苇荣一手捧书，一手拿着小印章，边读边巡视，给认真读，声音洪亮的同学盖章。刚刚走进教室的杜晨溪，蹲着收拾书包，已经跟着谭泽钜背诵起诗词。刘富涵嗓门真亮，他边走边跟着背诵。教室外面，正往橱子里放书包的于文航，也亮开了嗓子，教室内外，二一班孩子的声音瞬间装满楼道，飞到了校园里。早晨的校园，被朗朗的读书声包围着，充满了生机和活力。

"表扬王雅卉坐姿端正，表扬于博菡桌面整洁，表扬程家晟眼睛真亮……"老师拿着小印章，在这些同学本子上郑重地盖上小印章。一节课就从表扬中开始了。大家端坐，用最饱满的状态开始学习。我的课堂常常采用小组竞赛的方式，坐姿、纪律、答题、速度等，表现好的小组立刻得到一个红色的大拇指。课堂回答问题常常呈现白热化程度，各组你追我赶，各不相让。他们知道，一节课结束，大拇指多的小组，每个人都会有小印章的奖励，而且第一名是每人两枚。好诱人啊！组长常常骄傲地来拿小印章，组员打开课本，自豪地等待着这激动人心的时刻，因为，这是他们齐心协力，用集体的智慧获得的荣耀。

三、Q 币兑换，惊喜不停歇

“班会前十五分钟，我们继续 Q 币兑换。”在一片热烈的掌声中，班主任李老师手中的奖品格外惹眼。她照例每周班会课进行 Q 币奖品兑换活动。班级规定是 10 个小印章可以兑换 1Q 币，班会课上，Q 币可以购买奖品。大家都瞪大眼睛望着李老师，期待着惊喜降临。“今天我们的兑换方式是——抽奖。”

“耶——”还没明白怎么个抽奖法，大家已经欢呼起来。因为他们知道，无论哪种方式，都非常好玩。班级第一次兑奖采用的是拍卖会的方式，每件奖品都是 1Q 币起拍，喜欢的同学竞价，最后出最高价者拍到自己喜欢的。

拍卖会激发了孩子们的学习积极性，让他们懂得了有努力就有收获。用自己努力获得的奖励格外自豪，是最有意义，最有价值的，是对努力学习的奖赏。

第二次拍卖会改用了套圈的方式，1Q 币可以兑换一个圈，那场面异常火爆。孩子们围成一个大圈，让套圈飞向自己心仪的奖品，虽然有的与心爱的奖品擦肩而过的，但是丝毫没有影响快乐的心情。因为下周，他们可以通过写日记、遵守纪律、帮助同学、完成作业、做环保小卫士等多种方式得到奖励。

每个孩子都渴望被肯定、被表扬、被尊重，在奖励机制的促进下，在充满激励的班级氛围中，孩子们获得成功的体验，获得了学习的力量和克服困难的勇气，获得了成就感，他们怀着强烈的学习动机投身到富有挑战性的学习活动中，目标明确，注意力集中，沉浸其中。

走在探索知识，提高自己的道路上，乐观和希望相伴，能力与挑战并存，智慧与勇气同行，学习的每一天对他们都是庆典。

四个月之后的“地震”余波

“李念的妈妈投诉，说你班英语老师区别对待她家孩子，有违师德。”校长的话让我一惊。这是哪儿跟哪儿啊？班级家委会的成员，原来一直和老师沟通良好的李念妈妈，在班级微信群里怼了一次英语老师后，时隔四个月，第二波余震传来了。

一、由罚写引发的“初震”

“初震”发生在1月17日，因为课堂纪律差，英语老师罚全班学生写课后单词。到了晚上9点半，还有很多学生没完成作业。于是，孩子哭，家长怨，李念妈妈把怨气发到了班级群里。“还有谁家孩子没写完作业？我想知道机械地抄写有意义吗？”有两名学生随即解释了老师布置罚写的原因，为老师辩护。

第二天，作为班主任的我看到这些文字，第一时间在班级做了调查。很多孩子写到 9 点仍没写完，（不排除边写边玩的）还有的在父母的强制要求下睡觉了，第二天又早起写完了罚写的单词。事实很明显，是老师盛怒之下布置作业超量了。

英语老师在一夜平静之后，看到家长和孩子们的反馈，意识到自己的错误。老师很坦诚，第一时间在群里道歉："各位家长很抱歉，昨天我在不理智的情况下布置作业超量，让很多孩子很晚才休息。我为自己不理智的行为向所有孩子和家长道歉，并保证以后绝不再出现类似的情况。"

一位平时责任心很强，受学生和家长尊重的老师这样低姿态，我觉得事情到此可以画上一个圆满的句号了。谁知道李念妈妈又在群里发言："老师的一次错误不可怕，可怕的是不研究教学方法，靠让学生花大量时间抄抄写写，这样的方法可取吗？"

"我罚学生抄写确实欠妥，我已经道歉了，她有什么资格质疑我的教学方法？"英语老师忍无可忍，也爆发了。家长确实是过分了，如果真是质疑老师的教学方法完全可以私下交流，怎么能在群里如此说呢，这不是明摆着在挑衅吗？作为班主任，我一方面安抚英语老师，一方面不能让家长如此肆无忌惮。我就在群里发了一段话："各位家长，感谢大家一直以来对班级工作的支持与理解。欢迎家长们对老师们的工作提出宝贵的意见和建议。有什么问题，欢迎和老师单独交流。"

几位家长也看不下去了，当和事佬："孩子如果能记住教训，也未必不是好事。老师非常辛苦，孩子们太调皮了，我们也要管教好自己的孩子！"几位家长善意地劝告不但没灭火，反而激起了李念妈妈更大的不满："请不要进行道德绑架，我只是想让孩子课堂学习有意义。"她觉得老师和家长都站在了她的对立面。

事情不能继续发酵，班级群毕竟是公共场所，我打电话跟李念妈妈进行了沟通。详细地介绍了事情的原委及老师的补救措施，并强调这位老师的优秀。可家长仍旧不买账：“我咨询了教英语的老师，学习音标便于拼写和记忆，老师怎么不教呢？”音标是初中英语学习的要求，提前学会让学生失去兴趣。老师是完全按照课程标准上课，绝对不会随便落掉该讲的课程。家长明明不懂却在充行家。经过一再解释，最后家长表示看到孩子因为写不完作业急得哭，忍不住发了牢骚。后来看到家长们的发言，觉得受到集体攻击，觉得没面子，就干脆死撑到底。

老师安抚下了，家长情绪平定了，我觉得松了口气，似乎尘埃落定。

二、“余震”不断

第二天下午放学，英语老师怒气冲冲地又来找我：“都是一帮什么孩子，我布置作业，还没等把单词该练几遍说出口，杨宇辰脱口而出，‘老师，你不怕布置多了家长投诉吗？’一个家长地抱怨，掀动了全班学生的情绪。真是余震不断啊！”

谁都不想多写作业，这是现实。班级群中的质疑声让一部分学生看到了家长在挑战教师的权威。五年级的孩子已经有了自己的想法，不再是老师、家长说什么就是什么的乖乖孩子。他们已经开始试探，想挑战这些权威。于是，看到群里的发言，他们忐忑、兴奋，又有些期待会发生点什么。在这样的“东风”下，杨宇辰率先出头了。这个孩子看似天真，嘴和心之间没有一点弯，心里一想，嘴里马上就出来。话一出口，一部分学生开始看热闹，让英语老师心里尚未熄灭的火气复燃了。

如何做好学生的工作，不要让他们产生心里波动，影响老师的威信与学生的学习热情？我设计了调查问卷，以不记名的方法调查学生的作业情况。通过统计数字让学生清清楚楚地看到，平时我班的作业量并不大，各科作业完成时间的总和完全符合国家规定的不超过一小时的作业量。

我们班同学赵政宇作为值日组长，一直尽职尽责，大家有目共睹。但是就在上周，他去倒垃圾，不知道垃圾桶漏了，纸屑沿着楼道洒了一地，值班老师看到后减了分，那周我班没有得到文明红旗。我以这个身边的事件为例子，问同学们："是不是赵政宇犯了这一次错误，我就可以说她不是一个优秀的组长呢？"大家纷纷摇头。

"同样，大家敬重的英语老师一次布置作业多，影响她是个好老师吗？心怀感恩，才会懂得尊重；尊重老师，是每个学生最起码的素养。"学生们安静了。杨宇辰带头去给英语老师道歉，英语课又恢复了原来的快乐与和谐。

三、余震再袭

因为我去参加一个会议，周四大课间由英语老师带领学生跑操。离开了班主任的束缚，一群孩子好似脱缰的野马，两圈之后队伍完全散了。英语老师把排头的四个孩子叫过去狠狠地批评了一顿。有三个孩子知道错了，主动跟老师承认错误。只有李念一副我没错的样子，又找各种理由推脱责任。"一时想不开没关系，回家好好反思，把自己的认识写出来交给我。"为了不再僵持，英语老师对李念采取了冷处理。

谁知周二上午，李念妈妈打了投诉电话，说老师区别对待她的孩子。听到校长的转告，英语老师立马急了："平等对待每一个孩子是老师的师德，我怎么就区别对待了！距离上一次罚写事件四个月过去了，看来问题的症结是家长仍然对那次事件耿耿于怀，后遗症又发作了。”

或许面对面解决是最好的沟通方式。已经是周五下午最后一节课，不能让问题拖过周末，于是，我把电话打到李念妈妈那里，邀她到放学前到学校一趟。

人及时赶到了。我跟她一谈话，委屈喷薄而出，伴随着眼泪稀里哗啦：从上次事件之后，老师不再提问她家孩子，有时候手举得老高也视而不见，孩子上课不再有积极性。这次事件的导火索是作为排头跑操时不听口令，挨罚不认错。就算领跑有错为什么罚写英语作业，机械的抄写有什么意义？就因为孩子是排头就得挨罚？一连串的质疑声。

让当事人面对面，我们三个人坐到了一起。“我以人格担保，老师不会因为投诉区别对待孩子。”我抚慰家长的情绪，“至于老师半年不提问孩子，只是孩子的一面之词，你听到的不一定是事实。人在一定的情况下，会有选择的只叙述对自己有利的一面，还会避重就轻。”我这样先缓和矛盾。英语老师告诉家长：这学期班级采用了小组合作教学，小组成员之间有明确的分工，有不懂不会的问题只有小组内解决不了才会全班交流解决。在英语课上，很多时候是小组集体的方式面对全班做汇报，相对个人的单独提问就少了。另外孩子比较内向，上课积极性不高，举手的次数比较少，也是导致提问少的原因。

老师一一对家长的质疑做了解答。特别强调对孩子逆商等思维能力的培养。家长非常认可，认识到自己孩子是属于玻璃心的女孩，娇气、爱哭，受不得一点委屈。对老师的误解表示道歉，对没有问清真实情况就投诉的冲动更是觉得愧疚。两位老师将家长送出办公室门口，家长还一个劲儿邀请我们去她家吃饭。

事情得以圆满解决，首先归功于面对家长的质疑，我们摆事实，讲道理，谈孩子的心理特点，讲教育规律，态度诚恳，语言专业。我们还跟家长介绍学校对孩子责任心的培养，对孩子情商、逆商的培养，小组合作教学对孩子们学习的意义。整个沟通有情有理有据，家长心服口服。

反思一次教学事故的后遗症为什么会第二次，第三次的爆发？首先是老师跟家长沟通不到位。事件暴发后，英语老师和家长都带有情绪，之间没有彻底沟通。虽然在班主任的解释下，家长暂时接受了，但是阴影还在，对老师的不满还没有消除。如果那时候大家能够面对面，后面的状况很可能就不会再发生了。

因为家长和孩子是在微信群直接怒怼，这件事在班级引起热议。李念是一个内向、内心世界丰富的女孩，对她造成的影响可想而知。因为心中有阴影在，对老师便多了几分猜疑与敌意。在跑步事件中，叛逆心理让她觉得老师是针对她，所以才死扛到底。和家长谈话时，我们让孩子坐在旁边，平等地参与对话。老师的真情真言彻底融化了她内心的残冰。

学霸炼成记

这周班里评选认真女孩、精神男孩，好多同学上榜。

一、思考者张晓兮

第一是张晓兮。二一班师生送给她一个称号——学霸！这个称号可不是白叫的，人家是名副其实。

布置预习作业，同学们都急忙做《翻转课堂》，人家张晓兮假期就把这本做完了。从头到尾干干净净，认认真真。

上课做练习，别的同学还在翻书，皱着眉头思考，张晓兮已经做了大半。做完后，你看她一刻不闲着，用手遮着答案，一道道题，一个个空挨个检查。有的同学做题贪快，不管对不对写完就算完成任务。张晓兮可从来不这样，不骄傲，不放松，安安稳稳的，从来没有一丝膨胀的样子。

最令人佩服的是上课。张学霸从来不会发呆、走神、做小动作、摆弄东西。你看她，从来都是坐得端端正正，左右手交叠放在桌子上，腰背挺直，她的眼睛盯着黑板上老师写过的每一个字，耳朵捕捉着老师讲过的每一道题。对于老师的提问，她总是先皱起眉头，一看那样子就在苦苦思考。突然，她抬起头来，眼睛一亮，手迅速地举起来。张晓兮举手可不像有的同学，没想好，只是想试试，她有十足的把握的。特别是一些难题，大家你看我我看你，互相摇摇头，就只等着老师讲了。张晓兮可不轻易放过，她努力思考后的答案经常会语惊四座，大家都对她投去佩服的目光。

二、笔记男孩赵一帆

“一帆风顺”，这是人们挂在嘴边的祝福语，也是赵一帆的绰号。开学以来，赵一帆多了一项技能——记笔记。不管是上课还是自习课，只要老师讲课，写板书，赵一帆就把笔拿起来了，老师写，他也写，书本的空白处，都被他密密麻麻做上了笔记。

星期五，老师讲完课，让同学们拿起笔在书上圈画重点词句。老师都说了两遍了，有的同学还不知道词在哪里；有的歪头看看同桌的，赶紧画上。赵一帆这时候反而不忙了，还有点气定神闲的。我心里想这个小孩一定是走神了，走过去一看，原来听课的时候他已经圈画下来了，真是错怪他了。

不但上课做笔记，他还提前预习。每课的生字，他都自己先标画结构、宽窄，写的时候，先仔细观察，做到心里有底了才下笔。这样事事做到前面，心里有数的孩子，能不一帆风顺吗？

三、微笑女孩丁怡帆、于文航

丁怡帆，第二个“一帆风顺”。新学期，她的学习兴趣随着年级，一起在生长。听课更认真，学习积极性更高了。

朗读课文，老师讲，人物的朗读语气要和叙述语气不一样，主人公生气了，要读出生气的语气；主人公开心了，要读出开心的语气；年龄不一样，性别不一样，朗读语气也是不同的。《一封信》中，露西给爸爸的第二封信，她写到“阳光闪闪发光，我们的希比希又蹦又跳。”多么欢快的小狗，多么快乐的露西。我教大家读这样的句子先做出微笑的样子，想像自己就是主人公，再用高兴的语调朗读。丁怡帆、于文航，准备地妥妥地，朗读时脸上带着笑，仿佛他们就是露西，亲眼看到了小狗希比希真的在又蹦又跳的，那欢快的语调把大家都感染了。她们的笑让听得人心情一下子就明媚起来。

于文航还站起来，自己朗读，大胆地尝试。在她的示范下，同学们再次试读，果然，把主人公的语言和文章的叙述语言分得清清楚楚，读课文像是讲故事一样了。

四、优秀的书法小老师

每天选择一两个生字，当小老师讲讲字的结构、笔画，拍视频上传平板，这是近期语文作业之一。一年级学习了一年生字，每个生字老师都是先分析结构，指导观察占格、起笔收笔的位置，观察笔画的避让和穿插。经过了一年的学习，同学们应该能够自主识字，观察书写了。随着年级的增长，老师的指导会越来越少，自己观察分析的能力必须培养。另外，当小老师是学习效率最好的一种学习方式，会让记忆牢固，不容易忘。

老师布置第一次作业的时候，虽然已经讲了，但是很多同学还是不知道该怎么做。可是有几位小老师却非常优秀：刘蕴涵老师非常负责任，她边讲边写，不但讲字的结构，还提醒易错点，拆笔顺，组词，讲得非常全面。

杜晨溪老师、高丰飞扬老师、刘梓坤老师、张晓兮老师是第一批最优秀的小老师。

刘子羽老师、亓森老师、周佳怡老师、赵若童老师、孙煜柠老师，是第二批优秀老师。他们根据字的结构不同，比较部件的高低、宽窄，主笔；观察到笔画的起笔、收笔的位置，特别是在横中线，竖中线，中心点的笔画；还有笔画之间的穿插和避让。

在后来的作业中，王若晴老师、迟蔚然老师等特别关注到了笔画的变化，做到了提醒义务，小老师们越来越优秀了。

在第一周认真女孩、精神男孩评选中，上榜的还有刘子羽、赵家鑫、王腾旭、杜晨溪、刘苇荣等同学。他们每个人都获得了小印章和棒棒糖奖励。

新的一周马上就要开始了，谁又能成为优秀的“认真女孩”“精神男孩”呢？大家拭目以待！

第六章　作文教学

跟着作家学写作

作文写的美，才能吸引人、打动人，优美的文笔能带给人强烈的审美愉悦和心灵震撼，怎样才能把作文写美呢？让我们翻开教材，走进书中，跟着作家学写作吧。

一、用色彩描写景物

风景是由“物”构建起来的，但仅仅把自己看到的景物一一罗列出来，笔下的风景就大打折扣了。著名作家萧红在《火烧云》里这样描绘火烧云的色彩：

天上的云从西边一直烧到东边，红彤彤的，好像是天空着了火。

这地方的火烧云变化极多，一会儿红彤彤的，一会儿金灿灿的，一会儿半紫半黄，一会儿半灰半百合色。葡萄灰，梨黄，茄子紫，这些颜色天空都有，还有些说也说不出来、见也没见过的颜色。

你看，“红彤彤”“金灿灿”“半紫半黄”“半灰半百合色”“葡萄灰”“梨黄”“茄子紫”，精准的颜色，把火烧云的斑斓呈现在读者眼前。

“两个黄鹂鸣翠柳，一行白鹭上青天。窗含西岭千秋雪，门泊东吴万里船。”杜甫的《绝句》流传千古，短短的四句诗有声有色，动静结合，黄、白、青、白，四种色彩，明丽、饱满，在读者面前展开了一幅明媚的春景图，宛如一幅山水画卷，带来的是美的震撼。

即使是同一种颜色，也可以写出不同的层次。夏天，花朵隐去，大地到处是层层叠叠、深深浅浅的绿。新生叶子的嫩绿，松树的苍绿，荷叶的翠绿，合欢的黄绿，更有苹果绿，松石绿，薄荷绿，苔绿等。作文中用上各种色彩，能让人满目生辉，兴致盎然。

二、用声音入情境

生活中声音无处不在，我们的耳朵，每天都和各种声音相遇。声音，让世界鲜活生动。用笔描摹声音世界，作文有声有色，读者身临其境。

六年级上册《盼》里有多少象声词啊：我试穿雨衣的“窸窸窣窣”，盼下雨听到小杨树喧闹的“沙啦啦”，雨逗引我出去的“嗒嗒嗒”，终于穿上了雨衣，雨点在身上跳跃。“滴答，滴滴答答”，多像一首歌，雨点在欢唱，“我”的心也在欢唱。这声音，是文字在跳舞，读者的心也随着舞蹈欢悦起来。

三、用对比来衬托

一件东西好不好，我们需要进行对比。同样，风景美不美，我们通过对比就能知道。课文《桂林山水》就恰到好处地运用了对比：

> “我看见过波澜壮阔的大海，玩赏过水平如镜的西湖，却从没看见过漓江这样的水。”“我攀登过峰峦雄伟的泰山，游览过红叶似火的香山，却从没看见过桂林这一带的山。”

用同类景物进行对比，既能写出景物与众不同、更胜一筹的特点，又能强调出景物在自己心中不可替代的位置。

四、用景物抒情感

一切景语皆情语。玫瑰象征着爱情，百合代表纯洁，大自然中的景物，被人们赋予象征意义。作文中的景，常常是为了表达感情，借景抒情，触景生情，寓情于景，情景交融。这样的写景就像盐融于水中，自然而然。

> “这次，我看到了草原。那里的天比别处的更可爱，空气是那么清鲜，天空是那么明朗，使我总想高歌一曲，表示我满心的愉快。”

老舍面对草原，情绪饱满，他的快乐像小鹿撞击着心灵，像小鸟张开了翅膀，情感抒发酣畅淋漓。

《爬山虎的脚》这篇比较单纯的状物作文，也融进了叶圣陶先生的欢喜。

那些叶子绿得那么新鲜，看着非常舒服。叶尖一顺儿朝下，在墙上铺得那么均匀，没有重叠起来的，也不留一点儿空隙。一阵风拂过，一墙的叶子就漾起波纹，好看得很。

你开心，景物会欢笑；你悲伤，景物会垂泪。借着对景物的描写，作者表达的情感直入人心。

五、用修辞添文采

我们常见的修辞方式有比喻、拟人、排比、夸张等，不同修辞方法的使用，会让文章变得形象生动，让习作锦上添花。文质兼美的课文中，修辞方法随处可见：

“漓江的水真静啊，静得让你感觉不到它在流动；漓江的水真清啊，清得可以看见江底的沙石；漓江的水真绿啊，绿得仿佛那是一块无瑕的翡翠。”

“蓝天衬着高耸的巨大的雪峰，太阳下，雪峰间的云影就像白缎上绣了几朵银灰色的花。融化的雪水，从高悬的山涧、从峭壁断崖上飞泻下来，像千百条闪耀的银链，在山脚下汇成冲激的溪流，浪花往上抛，形成千万朵盛开的白莲。”

读读看，这样的句子是不是很有画面感？这些修辞方法，是不是让我们的作文有了文采？

一篇文章，用色彩描写景物，让人眼前一亮；用声音入情境，文章有声有色；用对比来衬托，高低优劣立马显现；用景物抒情感，有了情，文章有了亲和力；用修辞添文采，文章活了，美了。

校长效应

开学第二周，恰逢教师节，增加一期周报——教师节专刊。这周学生手中拥有两张周报。增强读者意识，享受作品刊登的自豪感，让周报效果最大化，受群里老师们的启发，我决定请校长为孩子们揭晓“最佳作品奖”，颁发“稿费”。

当学生听到校长要来的消息，都瞪圆了眼睛。“如果你的佳作评选结果和校长的一致，将会收获惊喜啊！”这句话像一道命令，大家迅速投入到周报阅读评选中：圈好词、画佳句、书写入选理由，标画星级，气氛紧张而热烈。

第二节上课铃一响，校长拿着两份周报走进教室。热烈的掌声响起。“同学们，我读了你们的周报，特别感动。感动于你们的老师这样用心，为你们提供写作发表的平台。更感动于你们，坚持写作。”校长挥挥手中的周报，“咱们班已经有十几名同学的文章发表在省级刊物上，你们为全校同学树立了榜样，我为你们点赞！”校长热情洋溢地伸出大拇指。孩子们激动地使劲鼓掌。

“下面我宣布第三期教师节专刊A版‘佳作奖’获得者郑菊兰，B版‘佳作奖’获得者是王佳棋；第四期A版‘佳作奖’侯茹萍，B版刘实。”小作者们带着羞涩与快乐走上讲台，从校长手中接过50元“稿费”，并和校长合影。

我接着为上刊作者颁发稿费，A版30元，B版20元，佳作评选和校长公布一致的20元，“萌人萌语”（学生自己总结的富有哲理的话）5元。一批批学生走到黑板前，接过崭新的“稿费”，绽开笑脸。

下了课，好几个孩子擎着“稿费”跟到了办公室。要求把“零钱”换成“百元大钞”。握着红色的“钞票”离开，可以想象他们到班里炫耀去了。哈哈。

“校长效应”像一支强心剂，为周报助力系统增强了动力。他们知道，自己的作品同学在读，家长在读，校长也在读。强烈的读者意识一定能推动着他们，发现素材，用心书写，细心修改，期待入选。

稿费带给他们的不仅仅是荣耀，还有激励，“自选同桌”“免作业”“和老师就餐”等精神奖励比物质奖励更能激活他们的动力。

我决定以后每期邀请一位“神秘嘉宾”颁奖，让孩子们在期待中动力十足！

《诚实真好》真的诚实了吗

“语文听写非常差，八个词语对了仨，完了，罚写正在向我招手。听写纸发下来了，我实在没脸看成绩，可必须得接受现实，紧闭着的眼睛睁开了，what！竟然对了七个，一定是看错了，我使劲擦擦眼，怎么也擦不掉那鲜艳又神圣的七，我在做梦吗？我毫不留情地给自己一个“烧饼”，好痛，这不是梦！看着一个个对号，我开心极了。无意间看到写错了一个，上面却打着对号，难道老师阅错了？我不敢相信，盯着课本看了五分钟，老师确实阅错了，而且不止一个，是三个！”

阿辰以他一贯的幽默风格，写了老师听写阅错后是否向老师承认错误的矛盾心理。《诚实真好》发表在周报上，得到了同学们的喜爱。当事老师看到周报不高兴了，让他拿听写纸来核对，结果看错了一个，而不是三个。

> “这孩子怎么这么夸大事实，老师能一下子看错三个？让家长觉得这样的老师也太不中用了吧，会给家长留下怎样的印象！”老师联系上半年阿辰发表在周报上的《追讨体育课》，写她占了体育课，一年后才讨回来，“一次次地毁我的形象啊！”

我感觉到了事情的严重性。阿辰在老师的声讨下只会红着脸一个劲地挠头。想起同行班里刚刚发生的“学生自习课打架事件”，作文发表在班报上后，当事人气哭了，说她并没有在自习课上打架，作文描写是不真实的。

管建刚老师说这不是真实的虚构，而是无中生有。夸大事实，这是对当事人的污蔑和诽谤，选稿的老师有责任，没有弄清事实；写作者也有责任。管老师真是敏感，由此写了《科技改变生活，发表改变作文》，指导大家的周报实践。

讲评课，欣赏环节，我出示这段话，让学生点评。大家一致说好：押韵、幽默。我拿出听写纸，在投影仪上出示，只是为了押韵，夸大事实，这样写合适吗？会对老师造成什么影响？全班一下子都沉默了，大概他们从来没想到过这些。

我结合六年级第四单元导读，小说的特点，让学生回忆知识点，他们知道小说人物是虚构，事件是虚构，但情感是真实的。《诚实真好》里，老师明明只看错了一个，却写成三个，引起当事人的不满，这就是夸大事实，不是真实的虚构。我按照管老师的建议这样做：

1. 向老师道歉，承认发表之前没有核实，给老师造成了心理负担。

2. 要求作者向老师道歉，承认错误。老师的处理也很有趣，要学生写一篇夸她的作文恢复名誉。

3. 和学生一起讨论以后遇到类似的情况，或想宣泄自己的情绪，又怕当事人反感，可以用什么方法解决？大家七嘴八舌，在老师引导下，找到了几种途径：

a. 写真事。实事求是，不歪曲，不夸大。

b. 提前征求当事人的意见，经过别人允许再发表。

c. 化名，用假名来写真事件。

d. 结尾标注，故事纯属虚构，请勿对号入座。

无独有偶，无论是“无中生有”的自习课打架，还是“阅错夸大事件”，无论是学生不满还是教师质疑，折射出来的都是周报发表的强大力量。预想可能出现的情况，将问题消灭在萌芽状态；遇到问题及时引导，不断修正；还有多学习，借鉴大家好的经验，避免麻烦，都是我们前进路上必须面对的。

作文周报，我们一直在路上。

班级周报，轰轰烈烈地开始

素材写到第三年，在等级评奖，积分换礼品活动的基础上，这学期打算开展稿费活动。如何在学期开始就激发孩子们强烈的兴趣，迅速掀起写作的热情呢？我思索着。

9月2日，星期一，第一节班会课。我点开课件，第一页，《暑假前给孩子们的一封信》。“同学们，开学前两天，老师写下了这封信。现在想亲口把这封信念给你们听。今晚，我坐在电脑前，想象着，9月1日，清晨的阳光照耀着红色的教学楼，蓝天丽日下，你们背着书包，走进久别的校园。你们的欢笑声将赶走假期的寂寥，把校园装满，此刻，我的心已经激动得欢悦起来。”滚烫的话语在教室里回荡，我眼角湿润了，真情像潮水涌动。教室里静极了，我看到这声音撞开了每一个孩子的心房，我们的心一起律动着。下面的内容回忆班级辉煌，提出勉励，孩子们的情绪被真情点燃。

结尾，我说“孩子们，这个暑假，我做了一件特别有意义，特别令自己骄傲的事——拜师。我想让自己重新当一名小学生，跟着师父，和师弟师妹们一起，办班报，进行作文讲评。六年级，我们一起学习、成长。做最好的自己，可好？”由此，过渡到昆明研习的收获。一张张照片，截图，引来了一阵阵惊呼。“咱们的周报，每一期，我都会发在‘守望者’群里，大家也看到了，这儿有甘肃、重庆、浙江等天南海北的老师，几乎遍布全国的读者啊，都会为你们点赞！”暑假专刊的一期周报我已经发到群里，我把截图给孩子们看。“郑菊兰专栏、王佳棋、侯茹萍，还有几位同学的读后感……”几位被表扬到的同学羞涩而骄傲。

“开学送惊喜，咱班又有三位同学作品刊登，又请这几位同学上台领奖。”杨宇辰、郑菊兰、齐鹏博捧着杂志，我郑重拍照。拿出 30 元，“这是齐鹏博的稿费，这学期我们荣登周报的文章也发稿费！”

我拿出一沓“百元大钞”，挥舞了几下，“想不想要？”

哇——刚才鼓动起来的热情就像遇到了火，瞬间被点燃了！

“老师真大方啊！”

“不会吧？”

……

我不动声色，继续点击课件。“这些钱当然可以花，你可以买‘免做家庭作业券’。”

“啊——太好了！”欢呼声超出了我的预料。小学生天天写作业有多受虐啊！

“自选同桌券。”我接着出示。

“这个好，我要买！”

“编辑体验券。”学生迟疑了一会，大概是没明白编辑的意义。“就是你可以体验选稿。”“那不就能够想选谁的就选谁的了吗？”杨宇辰这个鬼机灵马上就看到可钻的空子。

测验加分券、免抄写券、和老师合影券，都超级受欢迎。最后隆重推出 VIP——“和老师就餐券”。“学期末，可以去老师家吃饭。”43 个人的欢呼要把房顶掀翻了。我连忙关紧教室门，怕惊着别人。我说奖券还可以增加，大家课下讨论，把意见反馈给我。谁想到效率超级高，下一个课间，纸条就出现在了我的办公桌上：“免罚写券”“免批评券”“特色作业免做券”…… 哈哈，一定得极力满足群众的需求！

以情动人，榜样带动，读者促进，奖券激励，开学第一课，四步点燃起学生写作热情。班级周报，有了一个轰轰烈烈的开始。

不做解说员

一、动画片 VS 纪录片

一提起动漫英雄，男孩是不是立马就来了精神，什么灭霸、蜘蛛侠、金刚狼与 X 战警，说起来眉飞色舞，头头是道。女孩呢，对哪些情有独钟——巴拉巴拉小魔仙？灰太狼与喜洋洋？动画片为什么会有这么大的吸引力？

我想我知道你的答案：好看，好玩，主人公契合你的心理预期，超酷，无所不能！有趣的故事深深地吸引着你一集又一集地追剧，欲罢不能。甚至你恨不得自己就是哆啦 A 梦里的大雄，一伸手就可以从口袋里掏出机器猫，实现心中的梦想；自己就是灭霸，收集齐六颗无限宝石，拥有无比强大力量的宇宙立方，打个响指，就让宇宙一半的生物消失。强烈的代入感或许让你举着笤帚当魔法棒，大叫：“巴啦啦能量——沙罗沙罗——小魔仙——全身变！”

如果一些动画片被称为好吃但是没有营养的垃圾食品，纪录片恰恰相反，是营养丰富的大餐。可为什么《走近科学》《动物世界》《舌尖上的中国》等一部部经典纪录片不如动画片受欢迎？我觉得和动画片比，纪录片没有曲折动人的故事。对内容的感知除了画面，要靠解说员介绍。或许仅仅如此，就缺少了吸引力与趣味性。

二、主人公表演 VS 作者解说

关于动画片与纪录片，说了这么多，其实就是想告诉大家，什么样的作文会吸引读者。真实、生动、新颖、具有画面感的文章是每个人的最爱。让读者像看动画片一样，看到作文中主人公的样貌，听到他们有说有笑，感受到他们的好奇、恐惧、难过、快乐。富有趣味和意义的小故事让读者意犹未尽，让他们喜欢上你描写的人物、动物、事物。就像是你喜欢上动画片上的大雄、灭霸、彩俐公主。

这是我班一个叫杨阳的女孩写的《我和花痴比偶像》中的一个片段：

> 这天上午我抱着一个本子来到女生的敏感地带，王佳棋看我本子封面是个男明星，立刻捏着嗓子怪叫：“杨阳，原来你……你竟然喜欢他？”
>
> 什么嘛，我差点就上去把他的脑袋给拧下来了，我说什么了？
>
> “你是‘芦苇’啊！咱俩一样！”瞧她的花痴样，还大班长呢！
>
> “不是。”我抱着本子冷静地站在他身后：“有问题？”
>
> “那……不是，你这个……那你到底喜欢谁呀？”王佳棋的眼里

燃烧着熊熊八卦之火。

“甘罗算吗？”我此言一出，全场都冷了下来，我真纳闷，什么情况？文化水平都这么低吗？

小作者为我们描绘出一幅课间女孩八卦图。透过文字，我们听到了鹿晗的粉丝王佳棋的惊讶、惊喜，语无伦次的语调；也感受到了杨阳的沉静，富有内涵。“捏着嗓子怪叫”，“眼里燃烧着熊熊八卦之火”将女孩们追星的样子描摹得特别形象，读到这样的文字，我们仿佛也置身于场景中。

还有些同学，明明喜欢动画片，却把作文写成了纪录片。主人公不是作为“演员”出现在读者面前，他们只是故事的背景，作者隔在读者和事件中间，一直在做解说，介绍，就是不给“演员”表演的机会。致使整个事件只是个用简单线条勾勒的轮廓，不能给读者留下鲜明、深刻的印象。就像这个片段：

课间刘建洋在罚站，我想趁他不注意踢他一脚，却踢在了栏杆上。真倒霉。上课铃响了，值班班长齐鹏博看到我跑得一瘸一拐地，问我怎么回事。我告诉他是刘建洋欺负我。结果刘建洋被记在了纪律监督本上。

这段话记录了“我”的课间经历，通过作者简单的解说，读者对文中“我”和“刘建洋”有了一个轮廓性的认识，但读后不会让我们内心产生任何波澜。而让“主人公”自己表演，有对白、有表情、有动作，还要反应心理活动。经过修改后，文字生动形象起来了。

我边走边摇头晃脑地哼着歌，麻痹他的注意。靠近了，预备，一二三，看我的金刚大力脚。刘建洋这个小鬼反应简直超乎常人，巧妙地躲开了。厉害，厉害呀！而我这一脚不直不偏地踢到了铁栏杆上。啊——我的脚！

“活该！哈哈哈哈……”刘建洋举手指做了个胜利的动作。上课铃声一响，他凯旋，而我，瘸着脚往教室跑。

“怎么了？”值班班长齐雷昊关切地问。

“都是刘建洋，罚站还不老实，踢我。”我愤愤地颠倒黑白。

“又让我抓住你了！”齐雷昊像阎罗一样铁面无私，拿起生死簿大笔一挥，记上了刘建洋的大名。成功了！我心中狂笑。

看了这几段文字，是不是觉得主人公表演完胜作者解说呢？

三、演员表演 + 作者解说

是不是所有的作文都要像动画片一样，让主人公自己表演呢？也不尽是。作文和动画片不同的地方是：文章需要有详有略地表达。和主题关系密切的要详细写，让主人公出场，生动形象地表演，通过细节描写突出主题。而和主题关系不大但必须交代的事件就需要解说员解说，做略写。这样的文章，才会既给人留下深刻的印象，又让读者对事情的过程等有全面的认识。

给出支架，写活朋友

本期周报主题是“我的好朋友”，这是第三单元写话的练笔。课堂指导时，我带学生分析了例句的三个方面：一个好称呼，一个好样子，“我们”在一起。教学生从这三个方面进行写话练习。

周报讲评，第一个环节是“猜猜他是谁”。我用 PPT 先出示了刘梓坤同学的写话，用标红的字表示重要的内容，“他长得胖胖的，白白的，憨憨的，很可爱。”让刘梓坤自己读一读对朋友的描写，同学们在智慧课堂平台上输入自己猜测的名字，然后让刘梓坤自己来揭晓答案。我顺势点击课件，他的朋友郝嘉奕的照片出现在了共享课件中。邀请猜中的同学说说是怎么猜出来的？再请猜中者和作者对话、请教，在这样的过程中，小作者有非常强烈的自豪感，其他同学也自然而然地懂得了写外貌也抓住人物特征的要求。

第二张 PPT，两位小作者描写的都是冰墩墩，但款式不同。第一个小作者抓住了“四肢短短的，身体胖乎乎的，大大的黑眼圈，屁股翘翘的”来写，第二个重点写穿着“粉粉的头套，双手抱着粉粉的草莓”，学生通过比较发现写好朋友，除了样子，还可以通过有特征的穿着来表现好朋友的特点。

第三张 PPT，我出示了这样一组句子：

> 它特别可爱，被妈妈带回来的那一刻，我就下定决心好好爱护它。我写作业的时候它在我的铅笔盒旁静静地陪着我，在我睡觉的时候它在我的枕边休息，玩耍的时候会把它放在玩具车上，我们是形影不离的好朋友。

我特别把三个句子用三种颜色显示。让小作者读出描写和好朋友形影不离的句子，让其他学生说这段话表现了写话要求的哪一方面。他们自然明白了“在一起”是好朋友的典型特征了。

谭泽钜的写话突出了“一个好称呼”，既有女孩称呼他“石头哥哥”，又有他称呼女孩“甜甜”，这样的昵称，充分显示了他们之间的亲密。学生通过读，很自然地有了解了。

这次写话讲评要训练的另一个重点就是题目，这些写好朋友的写话中，只有一个同学写的是“连体小姐妹”，其他都是《我的好朋友》，通过这两个题目，加上其他类型的写话的题目：《中奖还是中圈套》《吃饭第一名》《我的小心思》《弟弟是男是女》《小蜜蜂脚丫画》等，让学生比较，发现一个好题目是画龙点睛之笔。

有了认识，再给出支架：

抓外貌特征拟题目：《长辫子刘子羽》《我的非洲小黑人朋友》《我的

小帅哥》

抓称呼拟题目:《我的甜心朋友》《石头和甜甜》

用共同的兴趣拟题目:《我的球迷朋友》《我的跳绳能手朋友》这样的方法具体可行，马上就可以学会。

相信经过这样的周报讲评课，学生的写话能力会不断提升。

评奖与讲评

第三周，周报印发两期，一期素材作文，一期杨阳专刊。专刊刊登了杨阳暑假的中篇小说《信手拈花花几许》。走的是玄幻风格，文笔比较细腻，不过流露出懵懂的青春悸动，隐隐让我有些担心。两个短篇，一篇是五年级一年的写作总结，再就是对六年级的写作规划。故事构思和对男女主人公的设定让我自叹不足。这孩子心思细腻，想象奇幻，是个作家苗子。

周一第二节语文课，邀请高老师担任第二位"颁奖嘉宾"。原因之一，高老师是今年刚分配来的优秀教师，承担着作文课题研究，有着较高的鉴赏力。之二，学生对陌生面孔充满了神秘感，想必这位美女老师来班里更能激发他们的热情。高老师踏着铃声走进教室，她手拿班报，对学生们进行了一通猛夸，然后按照我提前给她的稿子挨个点评 作品。A 版杨宇辰继续发扬了他语言幽默的特点，评为佳作。B 版几篇各有特色：袁怡诺的《食品风科学课》心理描写突出，林立臣的《健忘鬼二人组》对话突出了人物特点，周子念的《雨过天晴科学课》以对话见长。不过我最喜欢盖献辉的《月黑风高》，描写真实，把读者带入了当时的场景。所以本周佳作奖获得者是杨宇辰，盖献辉。接着是颁发稿费，和嘉宾合影，掌声送走高老师。听着自己的名字，文章优点从一位陌生的老师嘴里道出，我想对提名者，获奖者的冲击一定是巨大的，其他同学置身于这样热烈的场景中，一定感受到作文入选带来的被认同感和荣耀感。

第二个环节，作后讲评。大声朗读好词佳句，喊出作者名字，评析亮点：观察细致，对比鲜明，节奏感强，语言幽默等。本次讲评特别结合第二单元语文园地说话句的内容，以周子念和林立臣的片段为例子，让学生感受、总结：用表示“说”的词语代替“说”，表达更贴切，富于变化的表达避免了重复带来的生硬与僵化；提示语的位置变化，对表情达意的微妙；提示语中动作，神态，心理的运用所起到的作用等。师生现场问答，给了学生最直观的感受。

因为学生之前对说话有过深入的学习，这次讲评课训练结合盖献辉的佳作《月黑风高》，重点进行了“一切景语皆情语”的练习。在公众号上看到“情感画面训练”，觉得操作性很强，借来对学生进行练习。我出示图片，让学生观察景物，再提出要求，给学生三分钟的观察和思考时间。然后出示两个截然相反的两个片段，一个嫌弃，一个欢喜。同样的人，同样的物，相同的景，表达情感截然不同。这样鲜明的对比对学生的认知冲击是强烈的。感性感知基础上，学生齐读理论性总结：

景不是本来的景，不是纯自然的景，而是带有人的情感的景，变形的景，有态度的景，有形象的景。景与人在情感统一了，以情感为统帅，为主线，将各景贯穿，又不失景本来就有的物性。一句话，一切景语皆情语，即物性与人性的匹配。

接着又是两个片段：夕阳、乌鸦，风，一个哭，一个笑，就不同了。哭的时候，夕阳落山了，乌鸦呱呱叫，风凉飕飕的；笑的时候，太阳像慈祥的老人，乌鸦叼着虫子回家喂孩子，风轻轻柔柔起舞。学生一半读哭的段落，一半读笑的段落，孩子们的朗朗读书声在教室上空飘荡，慢慢地走进他们的心里。

书桌、桌罩、书本、杯子、文具盒、半包方便面。学生随堂练习，一半书写欢乐，一半表达忧伤。南北两排学生比赛五分钟的思考、书写时间。五分钟后，停止书写，没写完的可以用口头方式表达。郑菊兰第一个举手：她设定了一个考试不及格的场景。流畅的语言，生动的句子，契合忧伤的场景，让我发现这孩子聪敏的头脑与畅快的表达能力。袁怡诺的欢快稍逊一些，白糖水，整洁的文具，还是传达出了欢快的情绪。

第一次训练学生能有这样的成绩，不禁为这些孩子竖起大拇指了。这也让我看到了训练的有效性。教师自己先掌握相关知识，才能引领孩子们学习更多，掌握更好。真是问渠那得清如许，为有源头活水来。要给学生源源不断的知识，我需要学习的地方还很多啊！

我的作文教学实践

一、素材，书写“最”情绪

从 2017 年 11 月起，我班开始写每日素材。学生每天记录自己感受最深的事。素材记录是鲜活的，无论是实话、笑话、窘话、丧气话，都来自学生的生活，都是他们最真实的情感体验。作文中的主人公是身边的老师、同学，亲人。这样的文章，其他同学因为也身处其中，有特别强烈的情感共鸣。

二、周报，发表驱动力量

1. 选稿，修改录用

我班有一份自己的报纸——童心萌语。周末，学生在几篇素材中选取一篇或几篇，写成作文，向班级周报投稿。老师选择全班作文的一半左右，初选录用。获得初选录用的同学自主修改，或者同伴互助。修改完毕再次投稿。最后，选出学生总数的三分之一或四分之一，终选录用。学生自己录入文字，发送到班级群，由老师或者学生排版，做成班报，每周一期，学生人手一份。

2. 读报，同伴互相学习

学生自由读报，圈画好词佳句，品悟写法。班报设有“佳作评选”栏。学生评选结果和老师一致会得到奖励。同伴的力量是巨大的，同伴的优秀作品，他们跳一跳能够得到，因此推动力特别大。

3. 评奖，扩大认同范围

班级周报分为 A、B 版，A 版作文质量要求相对较高，B 版更倾向于中下游同学，给他们发表的机会，增强写作的信心，促进全班写作水平整体提升。每期我会邀请一位“嘉宾”揭晓佳作奖。学生知道，他们的文章发表在周报上，同学在读，老师在读，家长在读，校长也在读。他们获得了被认同，被鼓舞的荣耀感。

4. 讲评，促进长足进步。

评奖后，进行作文讲评，一般分三个环节：欣赏，挑刺，训练。

“欣赏”可以是多方面的，好词，佳句，构思，特写；语言的时代感，节奏感，娱乐感等。在不断表扬之后，有几个同学已经初步形成了自己的写作风格：杨宇辰语言幽默，王佳棋构思严谨，郑菊兰语言生动等。杨阳是个特别内向的女孩，内心世界特别丰富。她从去年开始写网络小说，创作了大量的人物和故事，期待她成长为一个小作家。

“挑刺”是指出学生的作文病。“我病”“的……时候病”“关联病”“近距离重复病”等，学生在不断修改中语言更干净，写作思路更明晰。

“训练”针对某一种“作文病”，进行写作练习。如学生细节写不生动，专门进行“写好小动作，写好连贯性动作”的训练。心理描写不突出，教师设置情境，让学生置身其中，抓住内心一闪念，变成文字。

5. 投稿，提升作品意识

去年初，我试着给学生投稿。四月份，我班学生王佳棋的《蜘蛛的悲剧》发表，之后一年半时间，有十几个同学，二十多篇作文发表。学生的名字被印在真正的刊物上，获得稿费，更大范围的读者意识让他们的写作走向自觉。打磨自己的作文，将作文转化为一个个作品。投稿，成就了学生的作品意识。

素材书写将近两年，办作文周报将近一年，孩子们作文从无话可写，到喜欢写作，爱上写作。他们的巨大变化让我越来越收获了成就感与自豪感。走在习作教学探索的路上，虽然苦点，累点，但乐在其中。

幸福读写路，我们一起走

关于读写，于永正教师这样说：我最大的遗憾就是年轻时不会教，不懂得教育规律，跟着感觉走。过了40岁之后才明白一点门道，真正懂得教育是怎么回事，进入自由王国是50岁以后。其实，教语文很简单，一是多读，二是多写。于老用了三十年时间领悟出的语文教学规律就是“多读，多写”。

他又进一步说：读书能真正改变一个人，无论是对自己还是对学生。要想让学生有所改变，就应该让他养成读书的习惯。

我建议教师们多读名人传记，尤其是教育家的传记。我喜欢教师一边教学一边实践，多反思，这样才能实现专业成长。一节课后、一个学期后，常反思自己教学的优与劣，会更快地成长。

于老用自己三十多年领悟出来的教育规律教诲我们：多读多写，不仅仅是学生，还指我们老师。师生共读共写，让书香滋养生命，在书写中遇见更好的自己。

一、全科整本书阅读，擦亮人生底色

多读书，读好书，读整本书，进行全科阅读。几年来，我边研究，边实践，边总结，已基本形成了完善而成熟的课程体系。

结合单元主题与课标要求，年级组每单元甄选一本书，同步阅读，落实语文要素。三年级上册第三单元我们推荐的是《夏洛的网》，选书内容与单元主题“乘着想象的翅膀，游历童话王国”相契合。在教学四篇单篇课文的基础上，落实整本书课程，推进童话阅读、写作的教学。书中小猪威尔伯和蜘蛛夏洛的友谊还可以帮助 8—9 岁的孩子认识和理解友谊，落实了育人要素。

我设计课程目标，落实阅读计划，从阅读时间、内容、阅读策略，问题设置几方面进行阅读指导，引导学生有方法，有目的地深入阅读，最大限度地提高阅读效率。我们还设计阅读任务单引导学生品读、分析、想像，给学生深入阅读的方法。

通过三种课型：导读课，打开阅读之门，激发阅读兴趣与阅读期待。赏读课：伴随着阅读旅程，引导学生细致、深入地理解与思辨，将学生引向阅读的深入。汇报课，孩子们走进去再走出来，进行创意表达，鼓励奇思妙想，展现个性化阅读成果。

我还通过思维导图，让阅读思维可视化；制作的读书卡，提升概括能力；阅读日记，链接生活写感悟。一系列设计，变一般的浅层阅读为深层阅读，让阅读成为滋养儿童生命的源头活水。

我还通过活动推进阅读。课本剧表演，让孩子们化身书中的主人公，体验、感悟，贴近那些生命，拨动情感之弦；书香少年，书香家庭评选，让阅读成为儿童迈向未来的通途。

二、周报作文，用写作滋养生命

为什么周报有这么大的魅力？管建刚老师说：作文教学很简单，就两块“表”，一块叫“表扬”，一块叫“发表”。只要你不断地表扬学生的作文，他们就会越写越好；只要你不断发表学生的作文，他们就会越写越好。作文周报，给了学生发表的平台，是写好作文的第一块表。

怎样办一份学生喜欢的周报呢？好作文的标准是什么呢？

（一）书写童心素材，用童眼看世界，用童心感受生活

素材是什么？素材是作文的“米”，是写作“百宝箱”。素材第一就是求真。真作文的基础是给孩子们营造安全的心理环境，让学生敢说心里话。

《偏向危机》，作者控诉我偏向女生，赤裸裸地向老师宣战。“写这篇作文，不为别的，就为男生讨回一个公道，我代表全班男生向老师抗议。”其实这样的孩子，和老师没有一点隔阂。

很多孩子作文不敢说真话，一落笔就是假大空，其实和老师与家长的要求是脱不了关系的。真话作文，首先，老师要迈过自己这道坎，教师敢于自黑、自嘲，敢于接受学生的批评，接受学生写自己的糗事，错事，乐于学生和自己开玩笑，久而久之，学生知道，老师这是鼓励他们自由表达。学生迈过了老师这道坎，也就迈过了自己这道坎，打通了心灵和笔端，他们的真话，实话，心里话毫不顾忌地说了出来，写了出来，

活泼泼的生活在他们笔下鲜活起来，真话作文水到渠成！

身边人，身边事，真情实感，这就是真作文，这就是新课标上定义的“作文是自我表达和与人交流”。

素材第二是求新。刚刚发生，最新鲜的事。学生麦收时节回老家帮忙，就有了《麦收快乐多》，下午班级举行了辩论赛，学生说，晚上有素材写了；英语老师占了一节体育课，两个学生一唱一和，发动全班讨要，就有了《追讨体育课》。同桌借东西，爸爸妈妈清晨玩手机，下厨做饭，写得多了，心灵敏感了，他们发现生活中处处是作文素材。

素材第三是求趣。有趣的灵魂千里挑一，谁都喜欢。老妈惦记我的钱，想方设法地想骗回去。我最喜欢这样的表达“呵，老妈说得这么诱人，我都心动了。但钱给了我一巴掌。”；疫情开学消息传来，我第一反应是减肥没成功；传颂千古的“春风又绿江南岸”被歪想成了“春风”把“江南岸”给绿了……这样的作文学生最喜欢，觉得有趣，好玩。

管老师刚主持编了一本作文选，告诉我们，马桶，辣条，女魔头，这些生活的真实都可以写成作文。我班齐鹏博的《高端操作秀》入选。我在班里读，全班都笑得前仰后合。写着作文自己觉得得意，还能把别人逗笑，这就是本事。

素材第四是有情。把作文当成宣泄的工具，当成情感的突破口，哭了，笑了，闹了……写出来了，情绪就消散了一多半了。《骂人也要有资本》其实写的是同桌两人闹矛盾。当时我读完之后觉得痛快淋漓。其实小作者是个极其内向的女孩，才入学的时候几乎天天哭。让她面对面和别人吵架，她的话绝对不会超过三句。但她擅长书写，把情绪倾泻在纸上。周报上有她的连载，也有为她做的专刊，五年级她开始写网络小说，今年春天已经有了一千多个粉丝。就是这个女孩，今年升入中学，一人学就竞选学习委员，前几天她妈妈分享给我一个链接，是她班里的优秀随笔，她的文章第一个被老师录用。家长这样对我说。周报让一个内向敏感的孩子发现了自己，找到了自信。

（二）表扬——激发自信，从伙伴身上学写作

学生写好作文的第二块“表”是表扬。激发学生写作自信的最大动力就是表扬和鼓励，学生一个好词，一个好句，你当着全班的面念一念，评一评，他觉得是无上的荣耀。特别是写素材初期，能最大限度地激发起学生写作的信心和力量。张远超老师利用公众号发表学生的作文，周六他发了学生的“日记首秀”，后面是老师的评价，洗头发能写得有声有色，靠的是小作者的联想。日记打动人，因为文字后面真情涌动；班里笑声一片，因为故事一波三折。教师从写作方法和情感表达等方面评价，学生欣赏了美文，受到了鼓励，学到了方法，还能运用到自己的作文中。

办周报不是让少数学生发表作文，而是要大面积地提升全班的作文水平。所以每期都会进行统计，如果三周没上过周报，第四期通过个别辅导等办法，想方设法也要让他们上报。在这样的鼓励后，那些怕写作文的学生脸上也绽放出了笑容。当他们跑到你跟前说：老师，我越来越喜欢语文了；当家长告诉你，孩子热情高涨，眼冒金光的时候，告诉你孩子着迷了，说最喜欢语文课了；当之前让家长头疼的孩子学习态度有了转变，家长心怀感恩的时候；当学生自觉地修改作文的时候，我们知道，在得到了两块“表”之后，学生写作的自信就被鼓动了起来。

每学期末，我们会要求学生把素材本装订成“我的书”，每学年，把周报装订成“我的报”，可以手绘，也可以打印。这样一本本书，是孩子童年的印迹，是他们一生的财富。这是我把六年级一年的周报装订成的

书，自己觉得很有成就感。这是重庆的师姐张老师班里一年级孩子装帧的一年的周报书。家长写序，一年一本，这样整整齐齐的六本书放在书橱里，一想就觉得特别有纪念意义。

（三）读报评选

学生读报，并选出自己喜欢的文章和作者。有的老师在周报中设置评选栏，也有的投票评选人气王。我们还创新活动方式，通过邀请嘉宾评选，把报纸送给别的班级，让学生觉得上周报无比荣耀。

（四）作文讲评课，进行系统的作文训练

完整的作文讲评有三个环节：欣赏、诊断、训练。好题目，好词好句，选材，构思，都是欣赏的内容。通过师生点评，促进吸收、内化、运用。

诊断是针对学生习作中的问题，开出药方。

训练是对症下药，通过反复练习，纠正各种作文病。

三、激励系统

激励系统的建立能让学生保持持久的写作能力。为了保持新鲜感，一般一年设计一套体系。四年级我采用的是等级评奖，用美图软件加学生照片，设计独一无二的喜报、聘书；五年级采用的是积分换礼品活动；六年级采用的是稿费活动。从读写两方面进行奖励，用稿费消费，变物质奖励为精神奖励。这是我设计的奖券，这是我在淘宝上买的练功券。就是这些练功券，每周我们都隆重发奖，有的孩子专门买了钱包，常常在一起比富。这是学期末最高奖项兑换，学生在我家聚餐。聚餐结束后，学生写了激情满满的作文，没能参加的同学简直是羡慕嫉妒恨。

激励让学生有近期目标也有远期目标，保持着源源不断的写作动力。本来我们约好的是年假不停刊，没想到遇到了疫情，我们用周报抗疫，学生用笔记录下了这特殊时期的所见所闻所感，非常有意义。

四、活动促进

用活动促进写作提升，让习作从作业走向应用。

（一）手拉手通信活动。

我班从四年级开始，分别和贵州贵阳，安徽安庆的两个班建立了手拉手班级，两个班一个是省城的重点小学，一个是国家贫困县的村小，三地的老师结合单元主题设计通信内容，让作文从作业变成了交流的工具。孩子们的心都是火热的，他们在通信中互赠礼物和祝福，增长见识。

（二）节日活动。

我们利用节日活动，让学生感受，体验，为作文提供素材库。这是学校每年冬至的特色活动，包饺子。每到这一天孩子们就跟过年一样。

（三）课堂活动。

这是我上的一堂作文课，学生观察、体验，记录活动过程，书写成文。

（四）节气活动。

麦收时节学生参与收麦写成《端午麦收忙》，我们在操场玩雪后，学生写成《雪趣》。

五、发表，成就学生

素材书写半年后，我班第一篇作文发表。之后，学生的作文源源不断地出现在《小学生作文》《新作文》《七彩语文》《快乐日记》《小学生快乐作文》《新作文》《快乐阅读与作文》《作文》《作文指导报》等多家省级刊物上。投稿两年半的时间，有二十来个同学，五十多篇作文发表。发表，得到稿费，学生把写作当成内在的需要。

六、发表，获得家长肯定

很多孩子发表后，家长在朋友圈晒图。有个孩子家长这样说“从无话可说急得直哭，到出口成章，更没想到还能发表收到稿费，这与一个好老师是密不可分的，我为孩子有这样一位好老师而自豪！”接手新班三周的时候，为了让周报更系统完善，我联系了家委会主任制作刊用纪念卡，素材章、初选录用章、终选录用章，仅用了两个小时，家长就做好了。家长的高效率是看到了孩子的巨大进步。孩子进步，家长认可，这是当老师最自豪的事。